HEYNE BÜCHER

SACHBUCH

D1844340

In dieser Reihe sind bereits erschienen:

19/500	*Evelyn Roll*	Oskar Lafontaine
19/501	*Ortwin Ramadan*	Václav Havel
19/504	*Barbara Kerneck*	Boris Jelzin
19/505	*Ulrich Encke*	Saddam Hussein
19/507	*Hans-Jürgen Jakobs/ Uwe Müller*	Rudolf Augstein
19/508	*Hans-Jürgen Jakobs*	Edzard Reuter
19/509	*Ludger Fertmann*	Björn Engholm

Michael Aris (Hrsg.)

Aung San Suu Kyi

Ein Portrait

WILHELM HEYNE VERLAG
MÜNCHEN

HEYNE SACHBUCH
Nr. 19/510

Titel der englischen Originalausgabe
FREEDOM FROM FEAR

Ins Deutsche übertragen von Wolf Jakoby
Redaktion: Beate Kuckertz

2. Auflage

This collection copyright © Aung San Suu Kyi, 1991
First published by Penguin Books Ltd, London 1991

Copyright © der deutschen Ausgabe 1991
by Wilhelm Heyne Verlag GmbH & Co. KG, München
Printed in Germany 1991
Umschlagfoto: Dominique Aubert/Sygma/Pandis Media, München
Innenfotos: Alle nicht genannten Bildrechte sind bei Penguin Books Ltd, London
Umschlaggestaltung: Atelier Adolf Bachmann, Reischach
Herstellung: H + G Lidl, München
Satz: Fotosatz Völkl, Puchheim
Druck und Bindung: Pressedruck, Augsburg

ISBN 3-453-05602-7

Inhalt

Unsere Aufgabe als Menschen ist: innerhalb unseres eigenen, einmaligen, persönlichen Lebens einen Schritt weiter zu tun vom Tier zum Menschen.

Hesse

In Liebe

Tashi Delek
Tschampa Rocké

26.6.92 Tiergarten

VÁCLAV HAVEL

Geleitwort

Aung San Suu Kyi wurde durch die Verleihung des Friedensnobelpreises für ihren Kampf um Freiheit und Menschenwürde gegen die Tyrannei endlich die internationale Anerkennung zuteil, die ihr gebührt. Sie ist eine überaus würdige Preisträgerin, hat sie doch stets ihre Stimme klar und deutlich gegen das Unrecht erhoben, das in ihrem Land Birma herrscht. Selbst als sie, unter verschärften Hausarrest gestellt, die Wahl hatte, ihre persönliche Freiheit im Tausch gegen ein lebenslanges Exil wiederzuerlangen, zog sie es vor, weiterhin in ihrem Land zu bleiben, um die Wahrheit zu leben – zum Schweigen verurteilt, aber nicht verstummt. Sie ist ein herausragendes Beispiel für die Macht der Machtlosen. Ich betrachtete es als meine vornehmste Pflicht, sie für den Friedensnobelpreis 1991 vorzuschlagen, und zähle mich zu denen, die die Entscheidung des Nobelpreiskomitees mit Freude und Zustimmung vernommen haben.

Sie verschrieb ihr Leben dem friedlichen Kampf für Demokratie und Menschenrechte in Birma, ihr Engagement aber weist weit über die Grenzen ihres Landes hinaus – sie spricht für alle, die frei über ihr eigenes Schicksal entscheiden wollen. Solange der weltweite Kampf für Freiheit noch nicht beendet ist, werden Stimmen wie die Aung San Suu Kyis andere Freiheitskämpfer in ihren Bestrebungen ermutigen. Ganz gleich ob der Ruf nach Freiheit in Zentraleuropa, Rußland, Afrika oder Asien ertönt, sein Tenor ist überall der gleiche: Die Würde aller Menschen muß gewährleistet sein, alle Menschen sollen hoffen dürfen.

Aung San Suu Kyi kann nicht zum Verstummen gebracht werden, da sie die Wahrheit spricht und ihre Worte grundlegende Überzeugungen der Menschheit widerspiegeln, die ebenso in Birma wie überall sonst auf der Welt Gültigkeit besitzen. So schreibt sie selbst, daß es »für die Birmanen unbegreiflich« sei, »warum jene Weltanschauungen, die anerkennen, daß alle Menschen mit Vernunft und Bewußtsein begabt sind, und die eine universelle Geisteshaltung der Brüderlichkeit fordern, mit unseren einheimischen Werten unvereinbar sein sollen.«

Die Verleihung des Friedensnobelpreises des Jahres 1991 an diese tapfere Frau unterstreicht, daß sie für uns alle spricht, die wir nach Gerechtigkeit streben.

PHILIP KREAGER

Aung San Suu Kyi und der friedliche Kampf für die Menschenrechte in Birma

Birma ist auffällig schnell aus einem Zustand völliger Isolation wieder auf die Bühne der Welt zurückgekehrt. Der Grund dafür liegt insbesondere im Drängen seiner Bevölkerung auf die Einhaltung der grundlegenden Menschenrechte; im August 1988 setzten erste spontane Massendemonstrationen ein. Waren die Demonstrationen anfänglich die instinktive Reaktion auf ein Vierteljahrhundert der staatlichen Repression und willkürlichen Gewalt des Militärs, so wurden sie bald Teil einer ausgedehnten Volksbewegung, als Zehn-, ja manchmal Hunderttausende von Menschen sich versammelten und losmarschierten, offen von der restlichen Bevölkerung unterstützt, die diese Züge grüßten, bejubelten und sich ihnen oftmals anschlossen. Doch die Geschehnisse in Birma wurden schon kurz darauf überschattet durch jene in seinem großen nördlichen Nachbarstaat, wo sich ähnliche Proteste im Jahr darauf ereigneten. Das unmittelbare Resultat scheint in Birma wie in China dasselbe gewesen zu sein: Die Regierungen beider Länder ergriffen sofort Maßnahmen von außerordentlicher Brutalität, um die aufkeimende Opposition zu ersticken.

Die Situation in Birma unterscheidet sich dennoch in mindestens einer Hinsicht von der Lage in China: Aus dem ungeordneten und planlosen Phänomen spontaner Ausschreitungen, die zudem durch schonungslose militärische Unterdrükkung attackiert und aufgelöst wurden, erhob sich eine gemeinsame Führungsfigur, die rigoros für Gewaltverzicht eintrat und seither weitreichende Bewunderung und Unterstützung genießt: Aung San Suu Kyi. Ihre Position ist herausragend und zugleich höchst verwundbar: Rein physisch ist sie der Gnade des Militärregimes ausgeliefert, das sich gewaltsam an der Macht hält, und doch – noch hat das Militär nicht gewagt, sie selbst anzugreifen.

Das Erscheinen von Aung San Suu Kyi im Zentrum des birmanischen Kampfes für die Menschenrechte und die einzigartige Rolle, die sie in diesem Kampf übernahm, resultieren aus dreierlei Umständen, die ihr Leben untrennbar mit der neueren Geschichte ihres Landes verbinden. Zwei dieser Gründe sind mittlerweile weitgehend bekannt, doch es war der dritte Umstand, der die anderen erst ermöglichte.

Der erste Grund besteht darin, daß sie die Tochter von Aung San ist, dem unbestrittenen Architekten des unabhängigen Birma. Seine Bedeutung als einigende Figur mit untadeligem Ruf und der klaren Vision eines freien und demokratischen Birma ist durch zahllose Quellen dokumentiert. Das Attentat am Vorabend der Unabhängigkeit, bei dem er und die Mitglieder der von ihm geführten Übergangsregierung umgebracht wurden, hatte tragische Auswirkungen auf die Stabilität des neu geschaffenen Staates. Es ist kaum verwunderlich, daß Aung San zum Märtyrer und strahlenden Sinnbild der Freiheit Birmas wurde. Sein legendärer Ruf trug entscheidend dazu bei, daß seine Tochter Aung San Suu Kyi ein ebensolches Symbol für die legitimen Rechte und Hoffnungen der heutigen Bevölkerung wurde.

Zweitens bringt die Identifikation der Tochter mit dem Vater auch die schreckliche Aussicht mit sich, die Historie könne sich wiederholen. Das gegenwärtige Militärregime kam vor achtundzwanzig Jahren an die Macht, als es die gewählte Regierung von Aung Sans einstigen Anhängern kurze Zeit nach dessen Ermordung gewaltsam stürzte. Da das jetzige System ohne freie und gleiche Wahlen die Macht übernommen hatte und sich ausschließlich auf eine sozialistische Einheitspartei stützte, ging das Militär gegen Streiks, Demonstrationen und sonstige Proteste des Volkes mit Waffengewalt vor, wie zum Beispiel 1962, 1974 und 1976. Als 1988 die Zeit der großen Massendemonstrationen begann, praktizierte das Regime eine Politik der Einschüchterung und verhängte drastische Einschränkungen der Versammlungs- und Informationsfreiheit, so daß genaue Zahlen über inhaftierte oder ermordete Bürger fortan nicht mehr genannt werden konnten. Innerhalb der zwölf Monate von August 1988 bis Juli 1989 wurde der Armee mindestens dreimal mit klarer Tötungsabsicht der Befehl erteilt, Massenunruhen durch wiederholtes und willkürliches Feuern in die Menge aufzulösen: Die Regierung gestand später mehrere hundert Tote und über tausend Verhaftungen ein; unabhängige Quellen schätzen die Zahlen weitaus höher. Die meisten Berichte betonen mangelnde Informationen über die Umstände und die Zahl von Verhaftungen; Folterungen wurden jedoch durch verläßliche Quellen und viele Augenzeugen bestätigt.

Über Aung San Suu Kyi wurde am 20. Juli 1989 in ihrer eigenen Wohnung ein verschärfter Hausarrest verhängt. Alle Kontakte zu ihren Anhängern und jeglicher Zugang zu den Medien, der ihr Gelegenheit gegeben hätte, ihre Meinung mitzuteilen, wurden unterbunden. Ihre Forderung, unter den gleichen Bedingungen wie ihre Mitstreiter inhaftiert zu werden, wurde abgelehnt. Durch einen zwölftägigen Hungerstreik, während dessen sie nur Wasser zu sich nahm, erreichte sie immerhin, daß ihre Kameraden nicht gefoltert oder mißhandelt wurden. Mittlerweile wurde berichtet, daß das Militärregime dieses Versprechen sofort brach, nachdem es gelungen war, Aung San Suu Kyi vollkommen von ihren Anhängern zu isolieren.

Das politische Vermächtnis, das Aung San Suu Kyi verwaltet, ist für die Militärregierung zweifelsohne äußerst prekär; eine zweite Märtyrerfigur käme ihr sicher nicht gelegen, weder kurz- noch langfristig. Doch das allein erklärt weder hinreichend ihre jetzige Bedeutung noch die Sonderbehandlung, die man in ihrem Falle wohl bislang für nötig erachtete.

Wir müssen aus diesem Grund einen kurzen Blick auf jene Worte und Taten werfen, die ihr spezieller Beitrag zu der so plötzlich veränderten Lage waren – ein Beitrag, der nicht nur ihre profunden und weitreichenden Überlegungen über die menschliche Verantwortlichkeit offenbart, sondern ihr auch ermöglichte, einen mäßigenden Einfluß auf ihre Anhänger und – wenigstens zeitweise – auch auf das Regime auszuüben. Ihr Engagement bleibt ein Hort des Widerstands und der Hoffnung, den selbst die brachiale Vorgehensweise des Militärs nicht zerstören konnte.

In nur wenigen Monaten – von Mitte August 1988 bis Mitte Juli 1989 – gelang es Aung San Suu Kyi, die anfänglich keinerlei Befreiungsbewegung angehörte und sich auch aus rein privaten Gründen, ohne jeglichen Zusammenhang mit den Volksunruhen, in Birma aufhielt, ihre persönliche Haltung dezidiert zu vermitteln. Zunächst in einem offenen Brief an die Regierung, später durch Reden auf öffentlichen Versammlungen und Demonstrationen, ob als Gründerin und Vorsitzende der »Nationalen Liga für Demokratie« (NLD) oder auf ihren Reisen quer durch das Land – wenn nötig mit vorgehaltener Schußwaffe –, betonte sie immer wieder beharrlich eine kleine Anzahl fundamentaler Themen, die sie als moralische und spirituelle Essenz der Volksbewegung für die Wiedereinführung der Menschenrechte ansah:

1. Der Wiedereinführung der Menschenrechte – d. h. der Rede-, Versammlungs- und Informationsfreiheit, der Freiheit politischer Vereinigungen, freier Wahlen und Freiheit von Furcht –, die gegenwärtig in Birma mißachtet werden und doch die einzig taugliche Grundlage für nationale Einheit und soziale Entwicklung darstellen, muß Priorität eingeräumt werden. Erst nach der Verankerung dieser Rechte in der birmanischen Gesellschaft, so stellt sie fest, können politische und wirtschaftliche Reformen möglich sein.
2. Die einzig legitimen und wirkungsvollen Mittel zum Erreichen dieses Zieles sind gewaltlose.
3. Die Staatsführung und die Regierung müssen auf Grundsätzen basieren, die klar von Personen, Interessengruppen und taktischen Erwägungen losgelöst sind. Dies bedeutet im Falle Birmas, daß nicht das Militär als solches der eigentliche Feind der Menschenrechte ist; das Militär steht grundsätzlich auf der Seite des Volkes und hat seine eigene

legitime Aufgabe innerhalb des Staates (zum Beispiel die Sicherung der Grenzen). Die Mißachtung der Menschenrechte in Birma ist die Folge der Machtergreifung des Militärs unter der Diktatur von Ne Win. Es muß zu seinen eigentlichen, ehrbaren Aufgaben zurückkehren.
4. Persönliche und kollektive Disziplin sind entscheidend. Kurzfristige Ziele – wie Massendemonstrationen, die Gründung politischer Parteien oder Wahlen – sind wertlos, solange die Menschenrechte nicht dauerhaft respektiert werden. Mitglieder der NLD und alle anderen Widersacher der Militärdiktatur dürfen die Armee zu nichts anderem anhalten, als von ihrem unangemessenen Vorgehen abzulassen.

Diese Grundthesen spiegeln die Haltung wider, welche Aung San Suu Kyi durch ihre Studien und Überlegungen über Mahatma Gandhis Philosophie und Praxis des gewaltlosen zivilen Ungehorsams gewann. Sie lassen sich in der Art ihrer Kampagnen für öffentliche Versammlungen und Demonstrationen ebenso deutlich ausmachen wie in ihrer ruhigen Reaktion auf die Einschüchterungen und Verleumdungen, die das Militärregime fortgesetzt gegen sie richtet. Langzeitbeobachter der Situation in Birma betonen, daß es Aung San Suu Kyi war, die als erste das Ziel der Wiedereinführung der Menschenrechte in die politische Diskussion einbrachte.

Während des Jahres der Massendemonstrationen wuchs natürlich der Volkszorn in dem Maße, wie die gewalttätigen Ausschreitungen der Regierung zunahmen. Viele Studentenführer, die zu Beginn der Massenproteste eine tragende Rolle gespielt hatten und selbst bereit waren, zu gewaltsamen Mitteln zu greifen, wurden verhaftet, umgebracht oder in den Untergrund gezwungen. Selbst unter solch harschem Druck und gegen ungeheure Widerstände beharrte Aung San Suu Kyi auf der alleinigen Legitimität gewaltlosen Widerstands und dem Vorrang der Menschenrechte und wies somit den einzig gültigen Weg: Durch ihr Beispiel und ihr Verhindern von Blutvergießen konnte sie dem Volk, dem sonst nur die

Unterwerfung geblieben wäre, eine wirkliche Alternative anbieten. Studentenvertreter sagten gegenüber ausländischen Korrespondenten: »Aung San Suu Kyi allein ist unsere Führerin, sie allein ist übriggeblieben, es gibt niemanden anderen als sie.«

Der dritte und entscheidende Grund für Aung San Suu Kyis einzigartige Stellung in Birma ist somit heute klar ersichtlich. Der Umstand, daß sie Aung Sans Tochter ist, mag ihr die unmittelbare und besondere öffentliche Anerkennung eingebracht haben; ihr tiefempfundenes und entschlossenes Beharren auf höheren Prinzipien ist sicherlich der aufrichtigen Verehrung angemessen, die das birmanische Volk dem Gedenken ihres Vaters entgegenbringt. Aber es diente ihr auch als steter Rückhalt in jener höchst ungewissen Situation, getragen von ihrem persönlichen Einsatz, ihrem Mut und dem gesunden Urteilsvermögen, wie es sich in ihren Worten und Taten manifestiert, die weiterhin die hauptsächliche Quelle der Hoffnung Birmas sind.

Angesichts der Inhaftierung und nunmehr zwei Jahre währenden Isolation von Aung San Suu Kyi kommt der Haltung der internationalen Völkergemeinschaft größte Bedeutung zu. Ohne ihre tätige Präsenz und eindeutige Stellungnahme sind die Aussichten auf Stabilität und friedliche Fortentwicklung in Birma mehr als trüb. Das Militärregime hat bereits ahnen lassen, welchen Weg es einzuschlagen beabsichtigt. Die 1990 abgehaltenen Wahlen führten zu einem erdrutschartigen Sieg von Aung San Suu Kyis Partei: Sie gewann 392 von 485 verfügbaren Sitzen der Nationalversammlung, was zweiundsiebzig Prozent der dreizehn Millionen Wahlberechtigten entspricht. Die Militärregierung konnte gerade zehn Sitze erringen. Dieser Wahlausgang wurde in Birma ebenso wie im Ausland als ein Volksvotum, das Aung San Suu Kyi die politische Führerschaft in einem freien und demokratischen Birma antrug, interpretiert und insbesondere als ihr ganz persönlicher Triumph. Doch das Militär weigerte sich schlichtweg, ihr die Macht zu übergeben, hielt sie und andere Oppositionsführer vielmehr auch weiterhin hinter Schloß und Riegel und nutzte seine kräftemäßige Überlegenheit, um die Kontrolle über das Land zu behalten. Internationale Beobachter haben bestätigt, daß die Wahlen ordnungsgemäß durchgeführt wurden, und auch das Militär wagte nicht, sie für ungültig zu erklären. Statt dessen machte es deutlich, daß es nur zur Übergabe der Macht bereit wäre, wenn eine neue Verfassung ausgearbeitet würde – eine Verfassung, die ihm genehm ist. Da die Nationalversammlung mit weniger als einem Fünftel der Abgeordneten nicht handlungsfähig ist, bleibt die Situation festgefahren.

Diese grausame Parodie demokratischer Abläufe läßt fortgesetzte Gewaltausübung befürchten. Die Entschlossenheit des Militärs, gegen den Widerstand großer Teile der Bevölkerung an der Macht festzuhalten, findet ihre Entsprechung in den bewaffneten Bestrebungen vieler separatistischer Bewegungen unter den nichtbirmanischen ethnischen Gruppen des Landes – den Karen, den Shan, den Mon, den Kachin und anderen. Viele junge Birmanen sahen sich gezwungen, den Anschluß an diese Gruppen zu suchen und sich zum Teil auch von ihnen militärisch ausbilden zu lassen. Der Ausbruch eines Bürgerkriegs, der bereits Kambodscha entzweit hat, wird auch in Birma immer wahrscheinlicher. Die drei Umstände, die zu Aung San Suu Kyis Sonderstellung innerhalb des birmanischen Kampfes für die Menschenrechte beitrugen, haben sie naturgemäß auch in den Mittelpunkt der internationalen Aufmerksamkeit gerückt: Im Jahre 1990 wurde ihr in Norwegen der Thorolf-Rafto-Gedenkpreis für Menschenrechte verliehen, und im selben Jahr zeichnete das Europäische Parlament sie mit dem Sacharow-Preis für die Freiheit des Denkens aus.

Aung San Suu Kyi, Gewaltlosigkeit und Demokratie

Aung San Suu Kyis Pochen darauf, daß gewaltsame und gewaltlose Mittel zwei völlig unterschiedlichen Gebieten menschlichen Handelns angehören, spiegelt ihre persönliche leidvolle Erfahrung mit der Vermischung dieser Gegensätze im Laufe der birmanischen Geschichte. Darin manifestieren sich ihre über Jahre hinweg sorgfältig betriebenen Studien der Ideen, Probleme und Zwänge, die das kurze Leben ihres Vaters bestimmten. Da Aung San Suu Kyi sich von seinem Beispiel leiten ließ, veranlaßten sie die Probleme des fortgesetzten Militarismus und Parteigeistes – die ihr Vater voraussah und die ihn durch das Attentat selbst ereilten –, nach grundlegenden Prinzipien moralischen, sozialen und politischen Handelns zu suchen, die nicht nur die Lehren aus seinem Leben beinhalten sollten, sondern auch dazu beitragen konnten, von neuem die Basis einer birmanischen Demokratie zu schaffen und zu bewahren, die zur Zeit seiner Ermordung noch ein zerbrechliches Provisorium war.

Aung San gilt den Birmanen heute nicht nur als Vater der Nation, sondern auch als Begründer ihrer Armee. Sein populärer Beiname *Bogyoke* drückt Bewunderung aus für seine Leistungen im Dienste Birmas und Achtung vor seiner selbstlosen Machtausübung. Er gründete die Armee einzig und allein zum Schutze des birmanischen Staates vor der kolonialen Kontrolle der Briten und Japaner; ihr Bestehen war ein Hauptgrund für den friedlichen Übergang Birmas in die Unabhängigkeit, den er so erfolgreich ausgehandelt hatte. Unter seiner Führung war die birmanische Befreiungsarmee nie eine Waffe gegen andere ethnische Gruppen; Aung San war durchaus in der Lage, Einzelinteressen innerhalb der Armee zu unterbinden, so daß es ihm gelang, ein Bataillon der Karen in die Truppen zu integrieren. In den ersten fünf Jahren der Unabhängigkeit war es sogar möglich, daß ein General der Karen den Oberbefehl über die gesamten Streitkräfte übernahm. Auch war die Armee nie gezwungen, den Abspaltungstendenzen sozialistischer und kommunistischer Gruppen entgegenzuwirken, die Aung San größtenteils sogar noch zur Teilnahme an den Wahlen überreden konnte.

Nichtsdestoweniger war sich Aung San der potentiellen Gefahren sehr wohl bewußt, die von einer mächtigen Armee innerhalb einer neugeschaffenen Demokratie ausgingen, und er sprach auch diesbezügliche Warnungen aus: Eine Armee,

General Aung San, seine Frau Daw Khin Kyi und drei ihrer Kinder. Aung San Suu Kyi ist das kleine Mädchen im Vordergrund.

die sich in die Politik einmischt, entehrt sich selbst und verdient den Haß der Bevölkerung. Er selbst legte sein militärisches Amt sofort nieder, als die politische Phase der Verhandlungen über die Unabhängigkeit des Landes begann. Doch die Umstände seiner Ermordung belegen eindringlich seine Prophezeiungen über die zukünftigen Probleme: Ohne ersichtlichen Anlaß wurde das Attentat von einer Gruppe Soldaten verübt, die sich einem mißgünstigen politischen Rivalen Aung Sans angeschlossen hatten.

Aung San Suu Kyi war zwei Jahre alt, als ihr Vater umgebracht wurde. Die Armee blieb seinem Gebot der Nichteinmischung in die Politik während der ersten Jahre der demokratisch gewählten Regierung U Nus im großen und ganzen treu. Aung San Suu Kyi hat den positiven Einfluß, den die

Aung San Suu Kyi im Alter von sechs Jahren.

Aung San Suu Kyi 1965 in der birmanischen Botschaft in Neu-Delhi.

Armee in jener Zeit auf sie nahm, nicht abgestritten und machte auch aus ihrer eigenen Verbundenheit mit dem militärischen Vermächtnis ihres Vaters keinen Hehl: »Als Kind paßten seine Soldaten auf mich auf.« »Ich habe einen engen Bezug zur Armee. Ich wurde dazu erzogen, sie als Freunde anzusehen.« Als jedoch Mitte 1950 der Oberbefehl an Ne Win überging, begann die heimliche Übernahme der Macht. 1962, als die Militärs schließlich die Regierungskontrolle an sich rissen, war Aung San Suu Kyi bei ihrer Mutter, der damaligen Botschafterin Birmas in Indien.

Zur Zeit des Staatsstreiches war Aung San Suu Kyi siebzehn. Ihre Schulausbildung in Indien und das anschließende zweijährige Studium der Politikwissenschaften an der Universität von Delhi fielen somit in eine Zeit, wo sie mit den Ereignissen in Birma selbst fertig werden mußte. Es war während dieser Jahre, als sie von den Prinzipien der Gewaltlosigkeit überzeugt wurde, die durch das Leben und die Philosophie Mahatma Gandhis verkörpert wurden. Ihr Eintreten für den zivilen Ungehorsam in Birma war unmittelbar durch sein Beispiel inspiriert. Neben Gandhi bezeichnet sie auch Martin Luther King als eines ihrer Vorbilder.

Sie führte ihre Studien an der Universität von Oxford weiter, wo sie Philosophie, Politik- und Wirtschaftswissenschaft studierte, »weil Wirtschaftskenntnisse für ein Entwicklungsland von größtem Nutzen sind«. Nach einer Anstellung im Sekretariat der UNO in New York heiratete sie den britischen Tibetologen Michael Aris. Auch während sie in England lebte, wo sie zwei Söhne großzog (geboren 1973 und 1977), besuchte sie Birma regelmäßig und beschäftigte sich weiterhin mit ihren Forschungen und Lehrveranstaltungen über Birma an der Universität Oxford. Dieser glückliche und vergleichsweise friedvolle Lebensabschnitt gewährte ihr die Zeit zum Schreiben und führte zu einem Stipendium an der Universität Kyoto in Japan und einem Forschungsstipendium am indischen *Institute of Advanced Studies* in Simla.

Ihre ständigen Bedenken werden in ihren Hauptwerken offenkundig: einer kurzen Biographie ihres Vaters und ver-

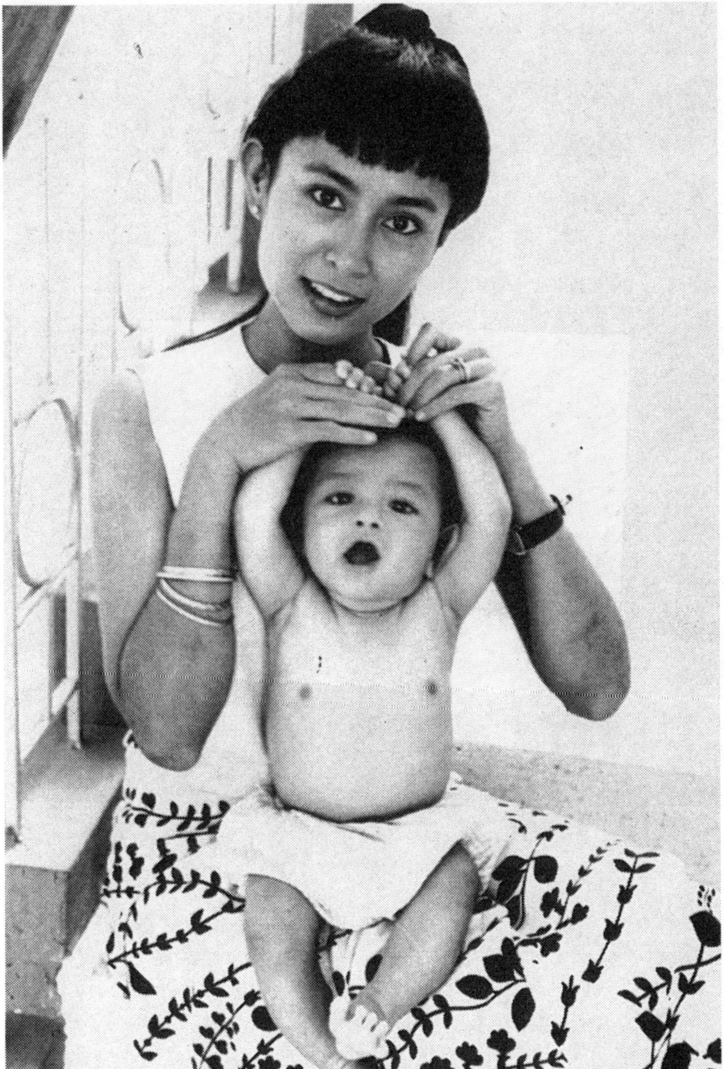

Aung San Suu Kyi und ihr Sohn Alexander 1973 in Katmandu (Nepal).

Aung San Suu Kyi und ihr Mann, der Tibetologe Michael Aris.

schiedenen Studien zur sozialen und politischen Lage Birmas während der Zeit des Kampfes um die Unabhängigkeit. »Mit meinen Gedanken«, so beteuerte sie in einem Interview der BBC, »habe ich mein Land und mein Volk niemals verlassen.« »Von Kindheit an war ich sehr interessiert an der Geschichte der Freiheitsbewegung und der sozialen und politischen Entwicklung Birmas. Als mein Vater starb, war ich gerade zwei Jahre alt, und erst als ich älter war und Materialien über sein Leben zu sammeln begann, begriff ich allmählich, wieviel er in seinen zweiunddreißig Jahren erreicht hatte. Ich entwickelte eine große Bewunderung für den Patrioten und Staatsmann, der er war. Schon aufgrund dieser starken Bindung fühle ich mich dem Schicksal meines Landes zutiefst verpflichtet.«

Die Schriften Aung San Suu Kyis verdienen unsere Aufmerksamkeit, gleichwohl sie durch deren Rückkehr nach Birma und deren Verwicklung in die jüngsten Ereignisse nicht zu Ende gebracht werden konnten und deshalb unvollständig blieben. Die Biographie Aung Sans beispielsweise ist keineswegs ein parteiisches Bekenntnis, sondern ein klarer und nüchtern geschriebener Bericht über die Entwicklung seines Denkens und die wichtigsten Stationen seines Lebens; die freimütige Schilderung seiner Stärken und Schwächen macht uns den unterschwelligen Eindruck einiger ausländischer Korrespondenten verständlich, die von einer geradezu »mystischen Ehrfurcht« sprechen, die der Tochter Aung Sans von den einfachen Leuten entgegengebracht wird. Der bekannte Schauspieler Aung Lwin, der später Mitglied der »Nationalen Liga für Demokratie« wurde und heute in Regierungshaft sitzt, schildert ihr erstes Auftreten in Birma am 26. August 1988 wie folgt: »Wir alle waren überrascht. Sie sah nicht nur aus wie ihr Vater, sie sprach auch genau wie er: kurz, bündig und treffend.« Ihre Botschaft unterstrich die wohlbekannten Themen, die schon ihr Vater aufgegriffen hatte: daß Demokratie auf tiefer persönlicher Verbundenheit ruhe; daß nationale Einheit nur durch Disziplin erreichbar sei; daß der gerechte Umgang auch mit den Gegnern unbedingt gewahrt bleiben müsse, egal welchen noch so berechtigten Groll die Bevölkerung gegen sie hege; daß die Sichtweisen eines Anführers weiter diskutiert werden müssen; daß das Militär außerhalb der politischen Sphäre stehe und nur darum das Recht zum Einsatz gewaltsamer Mittel habe und daß zuallererst die Menschenrechte eingesetzt werden müßten, insbesondere freie und allgemeine Wahlen innerhalb eines Mehrparteiensystems. Ebenso wie Aung San brachte sie ihren tiefen Abscheu vor reiner Machtpolitik und Mauscheleien hinter

Auf einer Bergtour in Bhutan 1971.

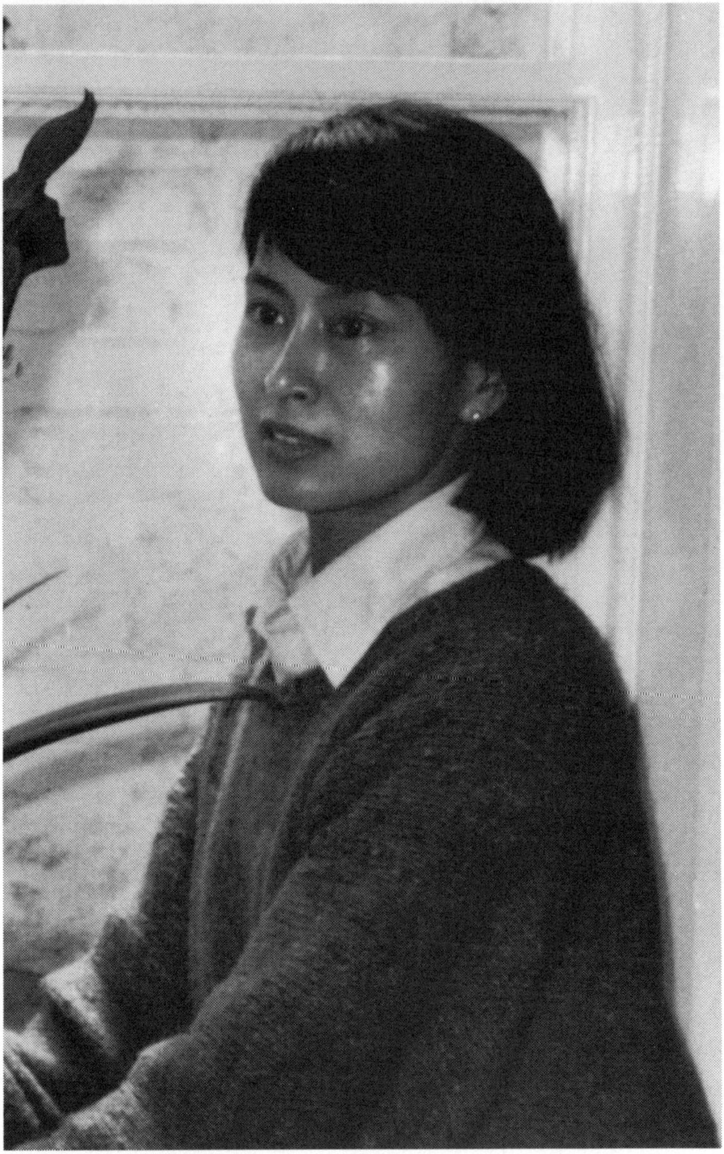

Aung San Suu Kyi 1983 in ihrem Oxforder Zuhause.

den politischen Kulissen zum Ausdruck. Sie war, genau wie ihr Vater, in die Politik eingetreten, weil die Weigerung der Regierung, die Demokratie einzuführen, ihr keine andere Wahl ließ: »Als Tochter dieses Vaters konnte ich all dem nicht teilnahmslos gegenüberstehen.«

Auch ihre Monographie über den Vergleich des intellektuellen Lebens in Birma und Indien während des Kolonialismus ist mehr als bloß ein akademischer Rapport darüber, warum sich die Unabhängigkeitsbewegungen beider Länder unterschiedlich entwickelten. Es überrascht nicht sehr, daß ihre Forschungen eng mit ihrem eigenen intellektuellen Werdegang verknüpft sind: Der Vergleich zwischen Indien und Birma stellt jene Aspekte der birmanischen Geschichte heraus, die Gandhis Philosophie zur geeigneten Grundlage für die moralischen und praktischen Antworten auf Birmas unruhige moderne Geschichte machen. Aung San Suu Kyis Einsicht in den Wert und die einzigartige Bedeutung der Lehren Gandhis für Birma unterscheidet ihren Beitrag von dem ihres Vaters und läßt sie einen wichtigen Schritt über dessen Position hinausgehen.

In beiden Ländern – in Indien wie in Birma – geriet die Bewunderung für die europäische Kultur in Widerspruch zur brutalen Wirklichkeit der politischen und militärischen Kolonialherrschaft Großbritanniens und führte so zum Versuch einheimischer Denker, die Grundzüge der nationalen Identität und Ideologie Birmas und Indiens zu formulieren und zugleich die wertvollsten Aspekte ihrer Erfahrung mit der europäischen Kultur zu berücksichtigen. Aung San Suu Kyi unterstreicht insbesondere die dörfliche Grundlage der birmanischen Demokratie, die birmanische Auffassung von Erziehung und Ausbildung als moralisches Unternehmen, das alle Aspekte des einzelnen wie der Nation umfaßt, und die relativ kurze Zeit, die einer birmanischen Führungsriege blieb, um sich zu formieren. Ihre Untersuchungen zu diesen Themen machen einsichtig, warum sie ein gewaltfreies Eintreten für die Demokratie im Sinne Gandhis für den historisch legitimierten und realistischen Weg Birmas hält:

Aung San Suu Kyis erster öffentlicher Auftritt in Birma am 26. August 1988. Franck Spooner/GAMMA, Paris

a) In der Geschichte Birmas kam es bemerkenswert selten zur Bildung hierarchischer Strukturen. Die Monarchie kannte keinen Adels- oder Höflingsstand, der zwischen König und Volk rangierte, und auch die Minister stammten stets vom Land. Das Alltagsleben wurde von den Dörfern selbst verwaltet. Als die britischen Besatzer die birmanische Monarchie abschafften, blieb eine Gesellschaft ohne klar definierte Klassen zurück, ohne aufstrebendes Bürgertum und ohne eine politisch denkende intellektuelle Elite. Die Tradition der dörflichen Selbstverwaltung jedoch blieb auch unter britischer Herrschaft erhalten.

Aung San Suu Kyi bemerkt, daß Gandhi insbesondere aus diesen einfachen dörflichen Strukturen Anregungen zog; und genauso wie sich Gandhi in Indien von vielen Schriften inspirieren ließ, die für die Klugheit und die Stärken der dörflichen Selbstverwaltung eintraten, so stützte sich auch in Birma das Nationalbewußtsein auf eine Literatur, die sich für die moralische und wirtschaftliche Autonomie des traditionellen Dorfes aussprach.

b) Das Entstehen einer birmanischen Volksbewegung ist durch diese prinzipiellen egalitären Tendenzen begründet. Die traditionellen Grundlagen dieser Bewegung fanden zu breitem, gewaltlosem Ausdruck, wenngleich sie eher dem Buddhismus als der Philosophie Gandhis verpflichtet sind:

»Da es in Birma keine eigentliche Führungsriege gab, mußte das Volk sich im 20. Jahrhundert allein zurechtfinden, wie es das in seiner gesamten Geschichte getan hatte. Die Birmanen schenkten der Ausbildung große Beachtung. Anders als in Indien, wo die Lehren der Tradition den höheren Kasten vorbehalten blieben, war die Ausbildung in Birma schon immer jedem frei zugänglich. Und natürlich war diese Ausbildung mit den Lehren Buddhas verbunden und dem von ihm gewiesenen Weg ins *Nibbana.* In diesem Sinne erzogen zu werden hieß mehr als die Aneignung bloßen Bücherwissens: Es bedeutete, jenes höchste Wissen zu erwerben, das zur Erleuchtung führt. Ein Volk mit einer solchen Auffassung von Erziehung konnte sich nicht leicht mit der britischen Haltung abfinden, wonach die Ausbildung lediglich eine praktische Vorbereitung auf die neuen Jobs und Möglichkeiten war, die der Kolonialismus mit sich gebracht hatte. Es gibt in der birmanischen Mentalität auch eine tief verwurzelte Abneigung gegen den Elitarismus. Es war wohl diese Überzeugung von der Notwendigkeit, die Ausbildung zum Staatsbürger einem größtmöglichen Teil der Bevölkerung zugänglich zu machen, die 1920 zum Boykott des Universitätsgesetzes von Rangun führte. Gemäß den britischen Vorstellungen einer Universität sollte die

Ausbildung auf die wenigen Privilegierten beschränkt werden.«

c) Die jungen Leute, die in den dreißiger Jahren von der nationalen Schule abgingen, strebten wohlweislich danach, »die Basis des Nationalbewußtseins zu verbreitern und ihm einen intellektuellen Rahmen zu geben«. Doch ebenso wie Gandhi in jungen Jahren, waren auch sie teilweise anfällig dafür, ausländische Doktrinen unverdaut zu übernehmen. Die meisten unter ihnen schlossen sich den damals modischen sozialistischen Ideologien an, weil die Opposition zu Kolonialismus und Kapitalismus ihnen einen progressiven Anstrich verlieh – obgleich es in Birma eine verhältnismäßig geringe soziale Ausbeutung gab und das Land somit ein eher ungeeigneter Kandidat für diese Denkmodelle war. Das zentrale Problem dieser neuen Generation war demzufolge, eine Brücke zwischen Theorie und Taten zu schlagen; in diesem Punkt nimmt Aung San Suu Kyi ihren Vater aus, nicht nur, weil er Gandhi als die Persönlichkeit bezeichnete, an der die Birmanen sich orientieren konnten, sondern vor allem weil Aung San (möglicherweise in Anlehnung an Gandhis äußerstes Mißtrauen gegenüber europäischen Denkmodellen und die von ihm betonte Notwendigkeit unentwegten Einsatzes) durch seine eigenen praktischen Anstrengungen dazu gebracht wurde, die unzähligen europäischen »Ismen« schließlich außer acht zu lassen. In seinen Augen folgten Ideen und Taten »in einer ununterbrochenen Abfolge von Bemühungen aufeinander«.

Die Schlußbemerkung ihrer Untersuchung betont, daß die Unabhängigkeitsbestrebungen noch nicht abgeschlossen seien. In unausgesprochenem Bezug auf den Tod ihres Vaters schreibt sie:

»Die jüngere Generation von Führungspersönlichkeiten erschien zu spät, um noch vor dem Ausbruch des Zweiten Weltkriegs wirksame Veränderungen zustande zu bringen. Die Entwicklung Birmas nach 1940 nahm viele Um- und Irrwege, und bis zum heutigen Tag wartet die Gesellschaft auf die Umsetzung ihrer tatsächlichen Möglichkeiten.«

Der Lauf der Geschichte hat gezeigt, daß jene erste Generation von Leitfiguren die Verbindung von Theorie und Praxis, nach der sie strebte, nicht wirklich hat umsetzen können. Die Volksbewegung führte, nach einem kurzen demokratischen Intermezzo, zu einem Vierteljahrhundert der Militärdiktatur unter der Prämisse eines »birmanischen Sozialismus«, dem innerhalb und außerhalb von Birma vorgeworfen wurde, weder intellektuell schlüssig noch wirtschaftlich sinnvoll zu sein. Aung San Suu Kyi schreibt dazu: »Handlungen ohne ideellen Gehalt verlieren ihren Anspruch, sobald die Situation, die sie hervorrief, nicht mehr besteht. Man kann nicht erwarten, daß eine Reihe rein pragmatischer Aktionen ohne den Zusammenhalt einer übergeordneten Vision sich zu einer langfristigen Bewegung entwickelt. (...) Eine Revolution, die nur darauf abzielt, im Hinblick auf materielle Verbesserungen die herrschende Politik und ihre Institutionen zu verändern, wird wenig Aussicht auf einen echten Erfolg haben. Ohne eine Revolution des Geistes werden jene Kräfte, welche die Ungerechtigkeiten der alten Ordnung verursacht haben, weiterwirken und eine ständige Bedrohung für den Prozeß der Reform und der Erneuerung darstellen.«

In ihren Reden und Schriften während des Jahres der Massendemonstrationen kam Aung San Suu Kyi immer wieder zurück auf das Thema der »Revolution des Geistes« und seine Bedeutung für die birmanische und, im weiteren Sinne, südostasiatische Geschichte. Aus ihrer Analyse der historischen Erfahrungen Birmas wird deutlich, daß der Massenprotest von 1988 in ihren Augen keinerlei Chance auf Erfolg hat, solange seine Forderungen nicht durch jene »übergeordnete Vision« unterstützt werden, wie sie ihr Vater eine Zeitlang vermitteln konnte, und schließlich auch über diese Vision hinausgehen. Der unmittelbare Handlungsbedarf, das heißt die Umsetzung ihrer Ideen in eine Art praktisches Programm, erwuchs aus dem plötzlich eskalierenden Konflikt zwischen Demonstranten und Regierungstruppen im August und September 1988. Ihr kurzer Essay *»Frei von Furcht«*, der in der angespannten Phase der Konfrontation von Volk und Militärregime entstand, läßt erkennen, wie die Verbindung zwischen ihrem Denken und ihren Taten allmählich Form annahm. Ausgehend von der These, daß »nicht Macht den Menschen korrumpiert, sondern Furcht«, erklärt sie die Konsequenzen militärischer Unterdrückung anhand moralischer Kategorien wie *Agati* (Korruption) oder *Abhaya* (Furchtlosigkeit), die der birmanischen Leserschaft wohlvertraut sind. Wo die gerechte Herrschaft korrumpiert ist, »fällt dem einfachen Volk die Last zu, die Prinzipien von Gerechtigkeit und Anstand hochzuhalten«. Angesichts der modernen Waffen der Militärs scheinen die verfügbaren Mittel in diesem Kampf ungleich verteilt zu sein. Doch die Leitbilder von Gandhi oder Aung San sind ein starker Rückhalt für die einfachen Leute: Aung San gab ein Beispiel, an dem die Birmanen sich bis heute aufrichten können, und gerade Gandhi zeigte durch seine Doktrin und Praxis des Gewaltverzichts, wie das Prinzip von *Abhaya* dem Volk vermittelt werden kann. Aung San Suu Kyi unterstrich die Parallele zur unmittelbaren Nachkriegszeit und nannte die gegenwärtige Lage Birmas den »zweiten nationalen Unabhängigkeitskampf«.

Der zweite nationale Unabhängigkeitskampf

Am 13. März 1988 wurde ein Sonderkommando der Polizei abkommandiert, um einen kleinen Studentenprotest aufzulösen. Die Studenten warfen mit Steinen, woraufhin die Polizei das Feuer eröffnete; einer der Studenten verlor dabei sein Leben. Der Zwischenfall verstärkte zusätzlich den Unmut der Bevölkerung, nicht allein über solche Akte sinnloser Gewalt, sondern über die insgesamt repressive Politik der Regierung, sowohl in sozialer als auch in wirtschaftlicher Hinsicht. Während der folgenden fünf Tage kam es überall zu Demonstrationen, die Universitäten wurden geschlossen, und die Bewohner der Städte stellten sich hinter die Studenten. Ein

Journalist, der Teilnehmer an diesen Protesten und späteren oppositionellen Aktivitäten insgesamt zwanzig Stunden lang interviewt hatte, berichtete, es seien etwa zwölf- bis fünfzehntausend Menschen an den Demonstrationen beteiligt gewesen; über zweihundert seien getötet worden (einschließlich der einundvierzig Demonstranten, die laut offiziellen Angaben in einem Polizeibus erstickt seien), die Verhafteten seien geschlagen und gefoltert worden, einige Frauen habe man mehrfach vergewaltigt. Als der Bericht der Regierung vom 9. Mai 1988 von nur drei getöteten Studenten sprach und die Mißhandlungen der Gefangenen ganz verschwieg, begannen die spontanen Proteste und die nicht selten gewaltsamen Ausschreitungen von neuem. Dieses Mal gingen sie auch über die Hauptstadt Rangun hinaus und dauerten fort bis Juli und August.

Derselbe Journalist konnte auch detaillierte Beweise für die Aktivitäten der Militärregierung während dieser Phase vorlegen, die die Anstiftung zu Gewalt auf den Dörfern und die außerordentliche Sitzung der Sozialistischen Partei beinhalteten. Auf dieser Sitzung trat Ne Win, der die Partei nach seinem Staatsstreich von 1962 gegründet hatte, offiziell als Regierungschef zurück. In seiner Rede stellte er einerseits Wahlen und die Einführung eines Mehrparteiensystems in Aussicht, andererseits verteidigte er das rabiate Vorgehen der Polizei. Doch die Ernennung Sein Lwins zum Nachfolger, der ein enger Vertrauter Ne Wins war und der den ersten Einsatz der Überfallkommandos zur Unterdrückung der Volksproteste von 1962 veranlaßt hatte, widerlegte sofort jeden leisen Anschein, die Regierung könnte sich vielleicht tatsächlich wandeln.

Im nachhinein ist offenkundig, daß die Regierung durch den Wechsel an der Spitze ihre Position noch gefestigt hat. Laut *London Times* vom 8. August 1988 und *Guardian* vom 18. August 1988 wurden zwischen dem 8. und dem 13. August zwei- bis dreitausend Menschen durch die Sonderkommandos getötet. Die *New York Times* vom 11. Januar 1989 spricht von weiteren tausend Toten am 18. September 1988. Obwohl die

Proteste friedlich begannen, griffen die Teilnehmer, wenn sie von Polizei oder Militär angegriffen wurden, zu Mitteln der Gewalt: zu Steinen und Giftpfeilen, sogar Enthauptungen soll es gegeben haben. An mehr als vierzig Orten im ganzen Land flammten gewalttätige Unruhen auf, von den meisten liegen auch Zahlen über Tote und Verwundete vor. Im Gemeindekrankenhaus von Rangun feuerten Truppen auf das Personal, die Geheimpolizei startete eine Serie von nächtlichen Razzien, bei denen jeder vermeintliche Anführer von Demonstrationen verhaftet wurde, kurz: Die Eskalation der Gewalt lief darauf hinaus, daß die Regierung – dank ihrer überlegenen Bewaffnung – am längeren Hebel saß.

Ungeachtet der wachsenden Zahl an Demonstrationen gab es keinen einzigen klaren Forderungskatalog: Einige verlangten die Freilassung der politischen Gefangenen und die Wiedergutmachung an den Familien der Opfer, andere kritisierten den angehäuften Reichtum der Familie Ne Win und riefen nach Wahlen. Die Regierung mußte ganz offensichtlich wenigstens ein teilweises Schuldeingeständnis ablegen, um zu verhindern, daß die Proteste weiter zunahmen. Am 12. August trat Sein Lwin nach achtzehn Tagen blutiger Gewaltherrschaft zurück, und das Militär mußte seine Position neu überdenken.

Aung San Suu Kyis Intervention durch ihren offenen Brief an die Regierung vom 15. August 1988 setzte genau in diesem entscheidenden Moment ein; sie schlug darin die Bildung eines Beratungskomitees aus anerkannt unabhängigen Persönlichkeiten vor, die das Land in Richtung eines Mehrparteiensystems steuern sollten. Dieser Brief betonte die Notwendigkeit, die Gewalt sowohl auf seiten der Regierung als auch der Demonstranten einzuschränken und die Verhafteten freizulassen. Er wurde unterstützt von U Nu, dem letzten gewählten Premierminister Birmas, und anderen Führungspersönlichkeiten aus der Ära vor 1962.

Nur wenige Tage später nutzte Aung San Suu Kyi die Gelegenheit, anläßlich eines Generalstreiks am 26. August vor der Shwedagon-Pagode zu der versammelten Menge von mehreren hunderttausend Menschen zu sprechen. Dies war der Start ihrer ausgedehnten Kampagne; unter dem Beifall der Massen legte sie die Prinzipien der persönlichen Verpflichtung, der Disziplin, der Einigkeit, der Gewaltlosigkeit, der Wiedereinführung der Menschenrechte und insbesondere des demokratischen Mehrparteiensystems dar, die zugleich ihr persönliches Bekenntnis und das politische Vermächtnis Aung Sans und Gandhis darstellen. Der Auftritt Aung San Suu Kyis erfuhr viel Beachtung in der internationalen Presse. Die Regierung war sich, diesen Berichten zufolge, über den einzuschlagenden Weg im unklaren. In Gestalt der Tochter eines Nationalhelden war unerwartet jemand erschienen, der die militärische Tradition Birmas wertschätzte und zu dem die Armee möglicherweise umschwenken konnte.

Doch eben dies blieb aus. Einige Wochen lang legte das Militär eine etwas schonendere Gangart an den Tag, aber die Demonstrationen setzten sich dennoch fort, und am 18. September 1988 wurde mit dem SLORC (State Law and Order Restoration Council = Staatsrat zur Wiederherstellung von Recht und Ordnung) ein Militärrat eingerichtet, der das Land fortan regieren sollte. Sämtliche bestehenden Rechtsinstitutionen wurden abgeschafft, Versammlungen von mehr als vier Personen unter Strafe gestellt und Standgerichte eingerichtet. Paradoxerweise wurde gerade jetzt die Bildung politischer Parteien freigestellt – vorausgesetzt freilich, daß sich ihre Mitglieder nicht versammelten. Die politischen Direktiven, die Ne Win in seiner Rücktrittsrede ausgegeben hatte, waren damit ausgeführt. In der Bevölkerung wuchs natürlich die Überzeugung, daß Ne Win sich nicht wirklich aus der politischen Szene zurückgezogen hatte, sondern in Wirklichkeit nun hinter den Kulissen die Regierungspolitik lenkte. In dieser Situation kam Gandhis Diktum von Gewaltverzicht und unaufhörlichem Einsatz, das nun von Aung San Suu Kyi vertreten wurde, neuerliche Bedeutung zu.

Aung San Suu Kyis Rolle wurde immer wichtiger, und auch ihr Einsatz wuchs ständig, bis die Regierung schließlich eingriff und am 20. Juli 1989 Hausarrest über sie verhängte. Am-

Aung San Suu Kyi zwischen dem ehemaligen birmanischen Premierminister U Nu und dem Vorsitzenden der NLD, Tin U, in Rangun 1988. Sandro Tucci, Black Star Inc.

nesty International schätzt, daß zwischen dem 18. September 1988 und dem 1. Juli 1989 rund dreitausend politische Gefangene inhaftiert wurden, obwohl lediglich über einhundertsieben detaillierte Informationen vorliegen. Die Abfolge der Ereignisse in diesem Zeitraum wird vielleicht am besten durch den nachfolgenden chronologischen Abriß der wesentlichen Entwicklungen zusammengefaßt.

Es ist wichtig, bezüglich dieser Chronologie daran zu erinnern, daß jede Rede und jeder öffentliche Auftritt von Aung San Suu Kyi einem Verstoß gegen das von der Regierung verhängte Versammlungs- und Agitationsverbot gleichkam und, abgesehen von Interviews mit der ausländischen Presse, viele ihrer Aktionen im Beisein bewaffneter Truppen stattfanden.

So wurde jedes öffentliche Ereignis für sie zur willkommenen Gelegenheit, ihre Botschaft von Gewaltlosigkeit und Menschenrechten einer immer größeren Zuhörerschaft zu vermitteln. Darüber hinaus zeigt die Chronologie ihre beeindrukkende Fähigkeit, gewaltsame Konfrontationen zu unterbinden, ihre weniger gemäßigten Anhänger zu zügeln und die Verpflichtung anderer Gruppen zur Gewaltlosigkeit zu erreichen. Die aufgeführten Versammlungen und Interviews repräsentieren nur einen winzigen Ausschnitt ihrer Aktivitäten und dessen, was im ganzen Land vorging. Birma bleibt nach wie vor unter Verschluß, und es wird wohl noch Jahre dauern, bis wir die ganze Wahrheit erfahren werden.

Die nachfolgend erwähnten Ereignisse fanden statt vor dem Hintergrund zunehmender Verhaftungen, offizieller Schikanen und öffentlicher Massenexekutionen. Vieles davon ist im oben genannten Bericht von Amnesty International sowie in den Reportagen ausländischer Korrespondenten und Botschaftsangehöriger westlicher Regierungen detailliert beschrieben worden. Nachdem das Militärregime den Hausarrest über Aung San Suu Kyi verhängt und deren Arbeitsunterlagen konfisziert hatte, wurde die Chronologie auf der Grundlage gedruckter Quellen, im wesentlichen Zeitschriften und Tageszeitungen, zusammengestellt. Das Hauptanliegen dabei war, ein zusammenhängendes Bild der Ereignisse zu erstellen, die der Öffentlichkeit andernfalls wohl nur bruchstückhaft und zudem unzutreffend im Gedächtnis bleiben würden.

Chronologischer Abriss der Massenunruhen in Birma zwischen dem 26.8.1988 und dem 20.7.1989

26. September 1988 Aung San Suu Kyi gründet gemeinsam mit Tin U und Aung Gyi, zwei Ex-Offizieren der Armee, die kurz zuvor mit Ne Win gebrochen hatten und verhaftet worden waren, die »Nationale Liga für Demokratie« (NLD). Das Gründungsdokument betont die von Aung San Suu Kyi in ihrer Rede vom 26. August formulierten Grundsatzprinzipien. Die NLD wird schnell zur größten Oppositionspartei des Landes mit einer geschätzten Mitgliederzahl von einer bis drei Millionen.

Aung San Suu Kyi fordert die internationale Völkerge-

Aung San Suu Kyi bei einer Protestkundgebung in Rangun im August 1988. dpa meinschaft auf, die jüngsten Übergriffe des Militärs gegen unbewaffnete birmanische Zivilisten – darunter Kinder, Studenten und buddhistische Mönche – zu verurteilen. Dieser Aufruf wird den ausländischen Botschaftern in Birma sowie dem Generalsekretär von Amnesty International in der Hoffnung überbracht, auf der Generalversammlung der Vereinten Nationen am 27. September größtmögliche Beachtung zu finden.

16. Oktober 1988 Aung San Suu Kyi weist Amnesty International auf die Zwangsrekrutierung durch das Militärregime hin: Junge Männer werden aufgegriffen, gefesselt und in Gebiete gebracht, in denen die Armee gegen aufrührerische Kräfte kämpft; dort werden sie von der Armee als Lastenträger für militärisches Gerät eingesetzt oder vor den marschierenden Truppen hergetrieben, um die von den Gegnern ausgelegten Tretminen zur Detonation zu bringen.

28. Oktober 1988 In einem Interview, das die Zeitschrift *Asiaweek* mit den Führern der zweitgrößten Partei des Landes, der DNPS (Democratic Party for a New Society = Demokratische Partei für eine neue Gesellschaft), führte, die eng assoziiert ist mit der wichtigsten Studentengruppierung, der ABFSU (All-Burman Federation of Student Unions = Gesamtbirmanische Föderation der Studentenvereinigungen), signalisiert die DNPS ihr Abweichen von der Strategie des bewaffneten Widerstands zugunsten einer Zusammenarbeit mit Gruppen, die für gewaltlose Mittel eintreten.

30. Oktober 1988 Aung San Suu Kyi beginnt eine Reise durch mehrere Städte in der Region von Pegu, Magwe, Mandalay, Sagaing und der Provinz Shan. »Selbst in den relativ kleinen Städten kamen Zehntausende von Menschen auf die Straßen, ungeachtet des Verstoßes gegen das Verbot der Zusammenrottung. Die Armee greift überraschenderweise nicht ein: Manche Soldaten sollen sogar Blumen an die Menge verteilt haben.«

3. Dezember 1988 Aung Gyi behauptet, die NLD sei von Kommunisten infiltriert, und verläßt die Liga, um eine eigene Partei zu gründen. Obwohl er seine Behauptung nicht belegen kann, wird sie sofort von der Militärregierung weiterverbreitet. Manche Kommentatoren und Beobachter der Lage in Birma halten es angesichts der engen Beziehung zwischen Aung Gyi und Ne Win für nicht ausgeschlossen, daß Aung Gyi in die NLD geschleust worden ist, um die Opposition zu diskreditieren.

8.–18. Dezember 1988 Aung San Suu Kyi bereist Moulmein und Südostbirma. Ihr voraus eilen Militärfahrzeuge, die über Lautsprecher die Bevölkerung warnen, ihr nicht zuzuhören. Tausende ignorieren diesen Befehl, und ihr Empfang in Moulmein ist ebenso enthusiastisch wie im Norden des Landes. Nach dieser Reise werden dreizehn örtliche Mitarbeiter der NLD inhaftiert, und am 19. Dezember fordert der SLORC die politischen Parteien auf, »sich zu benehmen. Es ist nicht an der Zeit, die Leute aufzuwiegeln ... Wenn [die Politiker] Demokratie wollen, ist es nötig, sich an die Erlasse, Anordnungen, Gesetze und Regularien zu halten.«

In diesem Zeitraum berichten ausländische Journalisten über verschiedene Schikanen, denen Aung San Suu Kyi ausgesetzt ist: Ankündigungen von NLD-Kampagnen werden verboten, Soldaten verbreiten abscheuliche Karikaturen von ihr, die ihr abnorme sexuelle Neigungen oder mehrere Ehemänner unterstellen, usw. In den Medien wird wiederholt behauptet, sie umgebe sich mit kommunistischen Beratern.

27. Dezember 1988 Daw Khin Kyi, die Witwe Aung Sans und Mutter Aung San Suu Kyis, stirbt in Rangun im Alter von vierundsiebzig Jahren. In den folgenden Tagen besuchen zwanzigtausend Menschen das Haus der Familie, um Mutter und Tochter ihre Ehre zu erweisen.

2. Januar 1989 Tausende nehmen an der Beisetzung von Daw Khin Kyi teil. Vor der Beerdigung appelliert Aung San

Suu Kyi an ihre Anhänger, sie möchten ihre Mutter »ruhig und diszipliniert auf ihrem letzten Gang begleiten«. Es kommt zu keinerlei gewaltsamen Zwischenfällen, während der Zug in Richtung der Shwedagon-Pagode, Birmas oberstem Heiligtum, zieht, wo der Leichnam beigesetzt wird.

23. Januar 1989 Am Ende von Aung San Suu Kyis Reise durch den Distrikt Irrawady Mitte Januar gibt der Sprecher der NLD bekannt, daß zweiunddreißig ihrer Anhänger sowie zwei Mitglieder der DPNS im Zusammenhang mit gewaltlosen Versammlungen, auf denen Aung San Suu Kyi sprach, verhaftet worden seien. Amnesty International berichtet: »Wie verlautet, sind die meisten von ihnen kurz darauf gegen Kaution wieder freigelassen worden; Genaueres über ihren jetzigen Zustand ist jedoch nicht bekannt.« Darüber hinaus wurden laut Amnesty weitere fünfzehn bis fünfundzwanzig Mitglieder der NLD in diesem Zeitraum inhaftiert.

14. Februar 1989 Nach einer Wahlkampfreise in die Provinz Shan, im Nordosten Birmas, sagt Aung San Suu Kyi in einem Interview der BBC, daß den dortigen Aktivisten der NLD mit der Verhaftung unmittelbar nach ihrer Abreise gedroht worden sei. Sie verlangt erneut die Aufhebung des Erlasses 2/88 (Versammlungsverbot), der ein großes Hindernis bei den organisatorischen Bemühungen der Parteien sei. Diese Forderung wiederholt sie in mehreren Interviews bis zum Ende des Monats.

13. März 1989 Der Jahrestag des ersten Todesopfers unter den Studenten wird von der NLD und anderen politischen Gruppierungen zum »Gedenktag der Menschenrechte in Birma« erklärt; neben einer Parteiversammlung der NLD in deren Zentrale in Rangun wird in der Universität von Rangun eine Kundgebung unter Beisein Aung San Suu Kyis veranstaltet. Trotz der Anwesenheit der Armee und Störungen durch Polizeilautsprecher verlaufen beide Versammlungen gewaltfrei.

Aung San Suu Kyi mit Anhängern in Kachin State im Norden Birmas.

25. März 1989 In einem von *All India Radio* gesendeten Interview erläutert Aung San Suu Kyi die Haltung der NLD hinsichtlich der Forderungen von Studentenorganisationen nach der Einsetzung einer Interimsregierung. Erneut lenkt sie die Diskussion auf die elementaren Prinzipien und erklärt, ihre Partei befürworte »weder eine Interimsregierung noch Wahlen«, sondern strebe »die schnellstmögliche Einsetzung der Menschenrechte« an. Sie sagt, ihre Partei vertrete die Position, daß »die Einführung der Menschenrechte auch jenes eine Recht nach freien und gleichen Wahlen mit sich bringen« werde.

Zu dieser Zeit berichtet der Regierungssender von der Auflösung einer von der NLD unterstützten Demonstration durch die Armee. Laut Amnesty International ist der fragliche Protestmarsch von Studenten organisiert worden, und »sowohl Aung San Suu Kyi als auch die ABFSU hätten erfolglos von solchen Protestkundgebungen abgeraten, um Zusammenstöße mit den Sicherheitskräften zu vermeiden. (...) Die Quellen berichten einmütig darüber, daß fliehende Studenten im Haus Aung San Suu Kyis und anderen Privatpersonen Zuflucht gesucht hätten, wo sie vor Verhaftungen sicher zu sein hofften.«

26. März 1989 In einem weiteren Interview äußert Aung San Suu Kyi ihre Sympathie für jene Studenten, die zur Grenze geflohen sind, wo sie sich bewaffneten Widerstandsgruppen anschlossen. Doch sie betont auch erneut: »Ich glaube nicht an den bewaffneten Kampf.« Sie sagt: »Um freie und gleiche Wahlen zu erreichen, müssen wir auch die entsprechenden Umstände schaffen, damit solche Wahlen wirklich frei und gleich verlaufen können; das bedeutet, daß zuerst der Anspruch des Volkes auf die Einhaltung der Menschenrechte und demokratische Freiheiten erfüllt sein muß. Wir müssen diese Menschenrechte erhalten, damit es dem Volk möglich ist, ohne Furcht vor Verhaftung, Interventionen oder ungerechter Behandlung zu glauben, was es glauben will. Und wir brauchen die Freiheit der Rede, der Publikation und der Versammlung ...«

Auf einer Pressekonferenz am selben Tag bestreitet Aung San Suu Kyi die Behauptungen der Machthaber, die NLD würde zu Demonstrationen aufhetzen. Gleichzeitig fordert sie die Freilassung aller, die in Zusammenhang mit ihrer Person inhaftiert worden sind. Sie erklärt weiterhin, trotz der Teilnahme einiger Anhänger der NLD an Versammlungen und Kundgebungen habe die Parteiführung sich aktiv bemüht, Demonstrationen zu verhüten, und sie betont, daß die Partei auch in Zukunft an ihrer Linie des friedlichen Kampfes für die Demokratie festhalten werde. Aung San Suu Kyi unterstreicht, sie habe junge Dissidenten fortwährend dazu ermahnt, keine Diffamierungen über die Streitkräfte zu äußern,

»denn es gibt einen Unterschied zwischen den Streitkräften und jenen, von denen ihre Waffenstärke mißbraucht wird«. Sie erklärt, die NLD habe bereits häufig zum Ausdruck gebracht, daß sie offen sei für Untersuchungen, Nachforschungen und Konsultationen im Zusammenhang mit jenen Zwischenfällen, die Unmut innerhalb des SLORC ausgelöst hätten, doch daß dieser bislang nicht auf dieses Angebot eingegangen sei.

31. März 1989 In einem Interview gibt Aung San Suu Kyi an, seit dem 14. März seien über hundertsechzig Personen wegen antimilitärischer Kundgebungen und Verstößen gegen das Redeverbot verhaftet worden. Die Vorsitzende der NLD schätzt die Zahl der politischen Festnahmen seit September 1988 auf mehr als tausend und meint, die meisten davon würden ohne Anklage festgehalten und hätten keinen juristischen Beistand. Die Verhaftungswelle im März zeige, »daß wir noch weit entfernt vom Erreichen der grundlegenden Freiheiten sind, die uns gleiche und freie Wahlen ermöglichen würden«.

5. April 1989 Auf einer neuerlichen Reise durch den Distrikt von Irrawady wird folgender Angriff auf Aung San Suu Kyi verübt: Als sie während einer Veranstaltung mit einigen Mitarbeitern die Straße hinuntergeht, springen sechs Soldaten unter Führung eines Hauptmanns von einem Jeep, nehmen kniend Stellung ein und richten ihre Waffen auf sie. Sie fordert ihre Begleiter auf, am Straßenrand zu warten, und geht mitten auf der Straße schnurstracks auf die Soldaten zu. »Es schien viel einfacher zu sein, ihnen ein einziges Ziel zu bieten, als die anderen mit hineinzuziehen«, sagt sie später. »In diesem Moment befahl ein Major dem Hauptmann, seinen Schießbefehl zurückzunehmen.«

18./19. April 1989 Auf einer Pressekonferenz anläßlich des birmanischen Neujahrsfestes verlangt Aung San Suu Kyi einen Dialog zwischen der Militärregierung und den Oppositionsparteien, eine Forderung, die bislang von der Armee abgewiesen worden war. Sie kritisiert darüber hinaus ausländische Unternehmer, die mit der Regierung Geschäfte machen und »hierher kommen, um Gewinne zu scheffeln, während es für uns alle um Leben und Tod geht«.

24. April 1989 In einem Interview der BBC erklärt Aung San Suu Kyi nochmals, die Absicht der NLD sei weder, die Armee zu spalten noch einen Keil zwischen die Streitkräfte und die Bevölkerung zu treiben; man bedaure jedoch, daß ein traditionelles Armeekorps nach dem anderen verhaftet werde, mutmaßlich wegen deren Kritik an der Regierung. (Während der traditionellen Neujahrsfeierlichkeiten hatten Mitglieder der NLD vor der Parteizentrale in Rangun politische Satiren aufgeführt und dabei den Mangel an Demokratie aufs Korn genommen.)

21. Mai 1989 In einem Interview erklärt Aung San Suu Kyi, sie unterstütze die Wiedereröffnung der seit August 1988 geschlossenen Schulen und Universitäten, vorausgesetzt, die Obrigkeit werde für eine friedliche Atmosphäre sorgen. Nachdem sie erneut ihre seit langem vertretene Forderung, der Einschränkung der Meinungs- und Versammlungsfreiheit ein Ende zu machen, vorgetragen hat, rät sie allen am Protest beteiligten davon ab, möglicherweise unruhig verlaufende Massenversammlungen zu organisieren oder das Militär und die Regierung in ungerechter Weise zu attackieren. Sie sagt, durch ihre Reden wolle sie erklären, »daß Demokratie nicht nur Demonstrationen bedeutet« und daß »Redefreiheit nicht heißt, jeden beleidigen zu können, den man beleidigen will«. Während ihres Eintretens für die Menschenrechte habe sie ihre Reden auch dazu genutzt, die Notwendigkeit von Disziplin zu betonen. Sie habe sich dabei an die Richtlinien des Militärregimes gehalten, solange sie von dessen Bereitschaft überzeugt war, freie und gleiche Wahlen abzuhalten.

2. Juni 1989 Sprecher des Militärs kündigen an, der Ausnahmezustand werde auch über die für Mai 1990 angesetzten

Wahlen hinaus bestehen bleiben; das Regime werde seine Rechte nicht aus der Hand geben, solange das Parlament nicht über eine neue Verfassung und die in dieser neuen Verfassung verankerten Regierungsform entschieden habe. Aung San Suu Kyi erwidert darauf, die NLD könne nicht an Wahlen teilnehmen, »bevor die Frage der Machtübergabe geregelt ist«. Die NLD habe immer die Tatsache akzeptiert und bekräftigt, daß es innerhalb der Streitkräfte rechtschaffene Offiziere gebe, die die Freiheit der Demokratiebewegung in Übereinstimmung mit dem Willen des Volkes befürworten und sich wünschen, daß die Armee sich würdevoll und neutral verhalte. Sie erklärt, daß die NLD in keiner Weise die Streitkräfte anzugreifen wünsche.

5. Juni 1989 In Erwiderung der durch die Militärregierung angekündigten Einschränkungen der Pressefreiheit und der Verbreitung oppositionellen Gedankengutes äußert Aung San Suu Kyi, die NLD und andere legal eingetragene politische Parteien bestünden auf ihrem Recht der Veröffentlichung, und ihre Partei werde es auch weiterhin in Anspruch nehmen, da dies ihre hauptsächliche Verbindung mit der Öffentlichkeit sei. Die NLD vertrete die Position, daß »das Gesetz in dem Sinne auszulegen sei, daß es politischen Parteien das Recht zu freier Veröffentlichung einräume, weshalb man die Bestrebungen der Regierung ignorieren werde, ihr Einverständnis zur Voraussetzung der Publikation von Parteiunterlagen zu machen«.

21. Juni 1989 In der Parteizentrale der NLD in Rangun wird eine Gedenkfeier abgehalten, zu deren Abschluß am Myenigon-Ring, wo Protestierende in den letzten Monaten umgebracht wurden, Kränze niedergelegt werden. Aung San Suu Kyi wird für kurze Zeit von der Polizei festgenommen, während der es zu einer Auseinandersetzung zwischen Demonstranten und der Polizei kommt: Schüsse werden abgefeuert, eine Person wird getötet – wie sich später herausstellt, ein Mitglied der Regierungspartei. Aung San Suu Kyi macht das

Militär später dafür verantwortlich, daß diese friedlich begonnene Feierlichkeit ein blutiges Ende fand: »Wenn das Militär jedesmal zu den Waffen greift, wenn Gedenkfeiern zum Jahrestag der Ermordung jener abgehalten werden, die auf prodemokratischen Kundgebungen ihr Leben verloren, wird das Blutvergießen niemals enden. (...) Die Machthaber versuchen uns zu unterstellen, daß wir Unruhen provozieren wollen, aber das ist nicht wahr. Daran haben wir keinerlei Interesse. (...) Solange es hier keine Menschenrechte und demokratischen Freiheiten gibt, glaube ich kaum, daß dies die Wahlen sein werden, die wir uns wünschen.«

22. Juni 1989 Die Militärregierung veröffentlicht ein achtseitiges Papier, in dem in erster Linie die NLD als kommunistisch unterwandert denunziert und Aung San Suu Kyi so ziemlich aller Vergehen – von der Blasphemie bis zur versuchten Spaltung der Armee – angeklagt wird. Gleichzeitig wird sie im Regierungssender wie folgt zitiert: »Es gibt zwei Gruppen innerhalb der Streitkräfte; die eine steht in Würde auf der Seite des Volkes, während die andere schändlicherweise nach der Verlängerung ihrer Macht strebt. Wir müssen noch große Anstrengung unternehmen, um sie zu beeinflussen. Manche stehen offen hinter dem Volk, manche halten sich eher zurück, und manche schließlich stellen sich offen dagegen. (...) Das Ziel, die Schulen wieder zu öffnen, sollte dahingehend überdacht werden, daß es Anlaß für neuerliche Unruhen geben könnte. (...) Wenn die Schulen wieder eröffnet sind, wird niemand den Studenten vorschreiben, ob sie studieren sollen oder nicht; aber egal ob sie studieren oder nicht, sie müssen den Kampf für die Demokratie fortsetzen.«

Bezugnehmend auf eine Versammlung in der Gemeinde von Sanchaung zitiert das Fernsehen eine Rede Aung San Suu Kyis mit den Worten: »Das Volk sollte nur Gesetze befolgen, die gerecht sind, nicht solche, die ungerecht sind. (...) Die NLD wird auf der Seite des Volkes stehen und der Obrigkeit die Stirn bieten.« Laut dem Fernsehkommentar belegen all diese Aussagen den offenkundigen Versuch, »die Bevölkerung zu Unruhen und Widerstand gegen die Regierung aufzuhetzen«. In Erwiderung darauf erklärt Aung San Suu Kyi Journalisten gegenüber, sie und ihre Partei seien antikommunistisch eingestellt. Sie gesteht ein, daß einige ihrer Parteifreunde früher Kommunisten gewesen seien oder kommunistische Kontakte hatten, daß sie alle jedoch mittlerweile dieser Ideologie abgeschworen hätten und nicht länger Parteimitglieder seien.

26. Juni 1989 Aung San Suu Kyi beschuldigt während einer Pressekonferenz General Ne Win, von dem große Teile der Bevölkerung mittlerweile glauben, daß er Birma hinter den Kulissen noch immer kontrolliert, für die Entfremdung der Armee vom Volk verantwortlich zu sein, indem er diese einzig sich selbst verpflichtet habe. Sie streitet weiterhin ab, eine Kommunistin oder Volksverhetzerin zu sein, und gemahnt die militärische Führung des Landes an zwei buddhistische Gebote: nicht zu lügen und nicht zu töten. Sie sagt, die NLD werde damit fortfahren, unzensierte politische Flugschriften zu drucken und sich den Restriktionen durch die Militärregierung zu widersetzen, weil das Recht auf Publikationsfreiheit durch ein Gesetz von 1962 garantiert sei. Darüber hinaus kündigt sie Pläne an, weiterer wichtiger Daten der birmanischen Geschichte zu gedenken: des 7. Juli, an dem die Regierung im Jahr 1962 das Gebäude der Studentenvereinigung von Rangun in die Luft sprengte; des 19. Juli, des Märtyrertags, an dem im Jahre 1947 ihr Vater ermordet wurde; des 8. August, an dem 1988 die Armee das Feuer auf unbewaffnete Demonstranten eröffnete und eine Woche der Gemetzel durch das Militär anbrach; oder des 18. September, an dem im Jahr 1988 das Militär inmitten einer Welle der Gewalt offiziell die Macht an sich riß. Abschließend bietet sie den Führern der birmanischen Armee an, ihnen die Hand zu reichen, um durch gemeinschaftliche Anstrengung weiteres Unheil zu verhindern.

Amnesty International fügt hinzu, Aung San Suu Kyi habe erklärt, die Grundrechte der Demokratie und Menschlichkeit würden gerade Stück für Stück abgetragen und die Akte der Unterjochung würden zunehmend schlimmer, so daß es jedermanns Pflicht sei, ungesetzmäßige Befehle im Kampf um die Demokratie zu mißachten. Sie habe sich ansonsten aber auch im Namen der NLD verpflichtet, diszipliniert und gesetzeskonform fortzufahren und insbesondere nicht zu illegalen Mitteln zu greifen oder zur Gewalt aufzurufen. Sie habe bestritten, versucht zu haben, die Armee zu spalten, jedoch ihren Glauben wiederholt, daß es innerhalb der Armee und des SLORC Elemente gäbe, die gegen die demokratischen Kräfte eingestellt seien und hofften, Ne Win an der Macht halten zu können. Ihrer Ansicht nach glaube das ganze Volk, daß es U Ne Win sei, der nach wie vor für alle Probleme dieses Landes verantwortlich sei.

30. Juni 1989 Die Sprecher des SLORC wiederholen unentwegt, daß die Reisen, Versammlungen und Reden von Aung San Suu Kyi einen Verstoß gegen das Versammlungsverbot darstellten und insofern als Versuch zur Anstiftung von Unruhen anzusehen seien. Sie zitieren Reden, die sie in Myenigon (21. Juni), an verschiedenen Orten in Rangun (22./23. Juni), in Bago (23./24. Juni), Insein (25. Juni) und Tamwe (29. Juni) gehalten hat, und drohen damit, wirkungsvolle Maßnahmen zu ergreifen, um diese Agitation zu unterbinden.

Etwa zur selben Zeit werden Aung Lwin und Tin Win, Mitglieder des Exekutivkomitees der NLD, festgenommen; Amnesty International bezeichnet beide als Gesinnungshäftlinge, die nicht wieder auf freien Fuß gesetzt worden seien.

In einem Interview setzt Aung San Suu Kyi ihre Kritik an Ne Win fort und bestreitet erneut einen kommunistischen Einfluß auf die NLD. Sie sagt, diese Behauptungen einer kommunistischen Infiltration gehörten zu den Bemühungen einiger militärischer Führer, sie und die NLD vor Teilen der Armee in ein zweifelhaftes Licht zu stellen, wissend, daß die Streitkräfte wegen des endlose Jahre währenden Kampfes gegen kommunistische Rebellen schärfste Ressentiments gegen die Kommunisten hegten.

2. Juli 1989 Aung San Suu Kyi spricht vor einer friedlichen Versammlung von rund dreitausend Menschen. Einige hundert Mitglieder der NLD sollen dabei auf die Menge eingewirkt haben, von jeglichem Aufruhr Abstand zu nehmen, und mit ihr darüber verhandelt haben. Studentische Aktivisten waren der Kundgebung offenbar ferngeblieben, und es gab keine Sprechchöre oder andere regierungsfeindliche Äußerungen. In ihrer Rede richtet Aung San Suu Kyi keine direkte Kritik gegen die Regierung, widerspricht aber den Machthabern hinsichtlich der Einschränkung der Publikationsfreiheit.

3. Juli 1989 Aung San Suu Kyi spricht in der Gemeinde Pabedan bei Rangun vor etwa zehntausend friedlichen Zuhörern, die sich in der Nähe der Sule-Pagoda-Straße eingefunden haben. Mehrere hundert Menschen sollen sich auf den Balkonen längs der Straße gedrängt haben, während Aung San Suu Kyi von der örtlichen Niederlassung der Partei aus ihre Rede hält. Sie fordert die Militärregierung erneut zum Dialog auf, damit bestehende Mißverständnisse ausgeräumt und politische Probleme auch mit politischen Mitteln statt mit autoritärer Gewalt gelöst werden könnten. Sie verweist auf die friedliche Menge als Beleg dafür, daß das Volk keine Gewalt wolle, und erklärt, »wenn es keine Provokationen gibt, können die Menschen sich sehr wohl friedlich und ohne irgendwelche Ausschreitungen versammeln«. Sie ermuntert das Volk, die Demokratiebewegung mit »Mut und Disziplin« zu unterstützen und weder die Einführung der Demokratie über Nacht zu erwarten noch sich mit einer Pseudo-Demokratie zufriedenzugeben.

Aung San Suu Kyis Aufruf vom 3. Juli zum Dialog zwischen der Regierung und den politischen Parteien erfolgt just an dem Tag, an dem sie von einer Gruppe oppositioneller Parteien zu deren Repräsentantin für Gespräche mit der Regierung ernannt wird. In einer am selben Tag herausgegebenen Verlautbarung erklären die Parteien ihren Eindruck bedrohlich schwindender Chancen für die Durchführung von Wahlen im Mai 1990 aufgrund der repressiven Aktionen des

SLORC. Die Erklärung spricht außerdem von der Notwendigkeit einer raschen und angemessenen politischen Lösung, um einer weiteren Verschlechterung der Lage zuvorzukommen, und ruft dazu auf, durch ein gemeinsames Gespräch den ersten Schritt in diese Richtung zu tun.

5. Juli 1989 Aung San Suu Kyi hält vor ca. zehntausend Menschen eine Rede in Ranguns Chinatown. Sie tritt erneut für politischen Wandel ein und protestiert gegen Schikanen und Festnahmen von Mitgliedern der NLD.

6. Juli 1989 Aung San Suu Kyi spricht in den Ranguner Bezirken Pazundaung und Bothathaung vor zehntausend bzw. zwanzigtausend Zuhörern. Sie bittet die Anhänger der NLD, ihren Kampf für die Demokratie friedlich und ohne Konfrontation fortzusetzen. Für den 7. Juli kündigt sie eine Gedenkfeier der Partei an, die ebenfalls friedlich verlaufen und auf der Konfrontation vermieden werden soll. »Der Geist des Gedenkens ist gerecht, so daß wir die Lehren aus der Vergangenheit ziehen können.«

Zu dieser Zeit ermahnt General Saw Maung, der Vorsitzende des SLORC, insbesondere Aung San Suu Kyi nachdrücklich, nicht gegen das Verbot öffentlicher Zusammenrottungen zu verstoßen.

7. Juli 1989 Aung San Suu Kyi und Tin U wenden sich an die Parteiversammlung in der Zentrale der NLD, um den Jahrestag zu würdigen: Über zweihundert Leute sind zu der Gedenkfeier erschienen, einschließlich der Repräsentanten über siebzig anderer politischer Gruppierungen, von denen viele mit der NLD assoziiert sind. Berichten ausländischer Medien zufolge sollen sich mehrere tausend Menschen eingefunden haben, als sie ihre Rede beginnt. Laut einer Sprecherin der NLD redet Aung San Suu Kyi gerade über die Bestrebungen der Machthaber, Probleme allein durch Gewalt zu lösen, als mehrere Lastwagen mit bewaffneten Militärs in der Nachbarschaft halten.

Aung San Suu Kyi spricht auf einer Demonstration in Rangun gegen das Militärregime vor Tausenden von Menschen.

Associated Press Photo

8. Juli 1989 In einem Interview erklärt Aung San Suu Kyi, die NLD habe entschieden, auf eine Teilnahme an den Studentendemonstrationen am 7. Juli zu verzichten, da man der Ansicht sei, Demonstrationen seien nicht das einzige Mittel des Widerstandes oder die einzige Möglichkeit des Volkes, seiner Haltung gegenüber den Machthabern Ausdruck zu verleihen. Sie wiederholt das Bekenntnis der NLD zur Gewaltlosigkeit, will aber die Möglichkeit einer künftigen Teilnahme an Demonstrationen nicht völlig ausschließen: »Die Verpflichtung zum Gewaltverzicht bedeutet nicht, daß wir uns zurücklehnen und gar nichts tun.« Man wolle nicht zu »kommunistischen Methoden« greifen, werde aber zivilen Ungehorsam üben; dieses politische Mittel, sagt sie, habe eine große Tradition, und führt weiter aus, sie habe in ihren jüngsten Reden verstärkt Mahatma Gandhi und Martin Luther King als Leitfiguren in den Vordergrund gestellt. Sie betont nochmals ihre Überzeugung, daß U Ne Win hinter der Weigerung des SLORC zum Dialog mit der Opposition stecke. Die NLD wolle die Armee zu der Einsicht bewegen, daß sie zum Werkzeug in den Händen von Verbrechern gemacht worden sei, um einer Handvoll alter Männer die Macht zu sichern. Man wolle, daß die Streitkräfte neutral blieben, wie es sich für eine professionelle Armee gehöre.

10. Juli 1989 In einem Interview bestätigt Aung San Suu Kyi, daß die NLD weitere Gedenkfeiern plane, um zum Beispiel an das Attentat auf ihren Vater, den Rücktritt U Ne Wins, die Demonstrationen und Erschießungen vom 8. August 1988 oder den Putsch vom 18. September zu erinnern. Sie unterstreicht abermals, daß diese Versammlungen auf dem Bekenntnis der NLD zum Gewaltverzicht gründen würden und die Partei keinerlei Konfrontation mit den Streitkräften suche.

Am selben Tag hält Aung San Suu Kyi in der Nähe der Sule-Pagoda-Straße in Rangun eine Rede vor etwa dreißigtausend Menschen und bekräftigt die Fortsetzung der Parteikampagne zum zivilen Ungehorsam gegen die ungerechten Gesetze. »Ich verstehe unter Widerstand gegen die Obrigkeit Auflehnung gegen ungerechte Anordnungen zur Unterdrükkung des Volkes.« Sie fügt jedoch hinzu, daß sich der zivile Ungehorsam gegenwärtig darauf beschränke, möglichst viele Pamphlete gegen den SLORC zu verbreiten: »Daran ist nichts Gewalttätiges. Zumindest nicht mehr, als nötig ist, um die Taste einer Schreibmaschine anzuschlagen.«

16. Juli 1989 Ungeachtet der wiederholten Drohungen der Regierung kündigt Aung San Suu Kyi eine gemeinsame Gedenkfeier der NLD und anderer oppositioneller Parteien zum

19. Juli, dem Märtyrertag, an; weitere Gedenktage würden folgen. Sie mutmaßt, die Zahl der Festnahmen werde bis zum 19. Juli, und noch verstärkt danach, tagtäglich zunehmen. Laut ausländischen Pressestimmen rechnen Aung San Suu Kyi und andere Führer der NLD sowohl mit ihrer eigenen Verhaftung als auch mit der weiterer Mitglieder des Exekutivkomitees der Partei. In der Hoffnung, die Regierung werde es nicht schaffen, die komplette Parteiführung zu inhaftieren, wird dieses Parteiorgan von neun auf dreizehn Mitglieder aufgestockt.

Der SLORC gibt zu diesem Zeitpunkt weitere Erlasse aus, die Offizieren der Armee einschließlich der untergeordneten Dienstgrade die Befugnis erteilen, politische Widersacher zu

Aung San Suu Kyi während des Wahlkampfes 1989.

verhaften und sofort einen von drei möglichen Urteilssprüchen zu verhängen: drei Jahre Arbeitslager, lebenslängliche Haft oder Exekution.

12. Juli 1989 Aung San Suu Kyi sagt in einem Interview, die neuen Erlasse, die Massenprozesse vor Militärtribunalen erlauben, seien die Fortsetzung der Unterdrückungsmaßnahmen gegen das eigene Volk. Sie und die NLD würden sich dennoch nicht davon abhalten lassen, zum Mausoleum der Märtyrer zu ziehen und Kränze niederzulegen, und zwar schweigend und friedlich. Ihrer Einschätzung nach habe das Volk diese ganzen Restriktionen und Verhaftungen satt. Sie verspricht zwar, daß sich die Mitglieder ihrer Partei am Märtyrertag diszipliniert verhalten werden, warnt aber zugleich davor, daß »die Gefahr von Ausschreitung immer bestehen werde, wenn bewaffnete Truppen aufziehen«.

18. Juli 1989 Aung San Suu Kyi nimmt zu den Behauptungen der Regierung Stellung, die NLD sei an der Verübung von Bombenanschlägen beteiligt. Sie erklärt, diese Akte des Terrors widersprächen zutiefst den Grundsätzen ihrer Partei. Sie könne zwar nicht absolut ausschließen, daß die Anschläge möglicherweise von Mitgliedern der NLD verübt wurden, doch die Partei verurteile diese Taten in jedem Fall mit äußerster Strenge. Sollten die Täter zur Partei gehören, werde man sie sofort ausschließen.

19. Juli 1989 Um den Gedenkfeiern der NLD und anderer politischer Gruppierungen zum Märtyrertag entgegenzuwirken, zieht die Regierung zusätzlich mehrere tausend Soldaten in Rangun zusammen. Des weiteren wird eine Ausgangssperre von sechs Uhr abends bis sechs Uhr morgens verhängt. Die NLD beschließt daraufhin, den Trauerzug abzusagen, um so ein Blutvergießen zu vermeiden, denn man sei nicht bereit, »das Volk mitten auf ein Schlachtfeld zu führen«. Die NLD gibt eine Warnung an die Bevölkerung aus, ihre Häuser nicht zu verlassen, um so »der Welt zu zeigen, daß wir unter der Militärdiktatur Gefangene in unserem eigenen Land sind«. Aung San Suu Kyi meint, die Armee würde leicht einen Vorwand finden, um das Feuer auf die Menge zu eröffnen. Die Regierung habe wieder einmal erkennen lassen, daß ihr einziger Umgang mit Problemen das Aufbieten von mehr und immer mehr Macht sei.

Amnesty International berichtet, daß trotz der Ausgangssperre und des Aufrufes der NLD, zu Hause zu bleiben, rund dreitausend, meist junge Leute versuchten, zur Aung-San-Statue, in der Nähe des Kandawgyi-Sees, zu marschieren, um Kränze niederzulegen. Die NLD streitet ab, daß es sich dabei um Parteimitglieder gehandelt habe. Sie sollen ihre Kränze auf die Straße geworfen haben, als Soldaten ihre Maschinengewehre und Granatwerfer auf sie richteten und sie mit Schlagstöcken auseinandertrieben. Nach Augenzeugenberichten verfolgten die Soldaten die Gruppe in Reih und Glied und mit aufgesteckten Gewehren; einige der Demonstranten sollen niedergeschlagen und etwa fünfzehn bis zwanzig verhaftet worden sein.

20. Juli 1989 Laut Amnesty International wurden nach dem militärischen Aufmarsch anläßlich des Märtyrertages elf Lastwagen mit Soldaten vor Aung San Suu Kyis Haus stationiert. Als sie das Haus verlassen will, um alleine das Mausoleum der Märtyrer aufzusuchen, wird sie davon abgehalten und mit Gewalt ins Haus zurückgebracht. Das Militärregime gibt bekannt, sie und Tin U, der Vorsitzende der NLD, seien für die Dauer von zwölf Monaten unter Hausarrest gestellt worden; während dieser Zeit sei ihnen ausschließlich der Kontakt zum engsten Familienkreis gestattet. Ihre Telefonleitungen und alle anderen Mittel der Kommunikation werden unterbrochen. Unterdessen beginnt man damit, weitere Mitglieder des Exekutivkomitees der NLD festzunehmen. Nach dieser neuen Verhaftungswelle schätzt die *London Times* die Zahl der inhaftierten Mitglieder der NLD auf rund zweitausend. Amnesty International kann die Festnahme von sechs Mitgliedern des Exekutivkomitees der Partei nachweisen, ebenso wie die von Aung San Suu Kyis engsten Mitarbeitern. Die *New York Times* bezeichnet die Erklärungen der US-Botschaft über alltägliche und zum Teil entsetzliche Mißhandlungen der prodemokratischen Führer in den Gefängnissen als glaubwürdige Information aus erster Hand. Aung San Suu Kyi fordert nach der Verhängung des Hausarrests, in das Insein-Gefängnis von Rangun überstellt und unter denselben Bedingungen inhaftiert zu werden wie ihre Mitstreiter, die infolge einer Razzia in der Parteizentrale festgenommen wurden. Als man ihre Forderung ablehnt, tritt sie sofort in einen Hungerstreik, während dessen sie zwölf Tage lang nur Wasser zu sich nimmt. Trotz der weltweiten Berichterstattung dementiert die Regierung diesen Hungerstreik, den sie erst abbricht, nachdem ihr die birmanischen Machthaber hoch und heilig versprechen, daß ihre Anhänger nicht gefoltert würden und ihr Fall vor einem ordentlichen Gericht abgehandelt werde.

Die Missachtung des Volksmandats

Aung San Suu Kyis Hungerstreik wurde damals als »die gravierendste Herausforderung, der sich das birmanische Militärregime jemals gegenübergestellt sah« bezeichnet. Als die Massaker des 8. August sich jährten, fanden sich vierzig ihrer Anhänger in der Parteizentrale in Rangun zu einem Mahnfasten ein. Sie forderten die Freilassung Aung San Suu Kyis und wiederholten den Appell der NLD für die Gewährung politischer Freiheit. Buddhistische Mönche verlegten einen Teil ihres Tagesablaufes außerhalb der klösterlichen Mauern und erschienen in großer Zahl in den Straßen, als gehöre es zu ihrer mönchischen Routine, Essen von den Gläubigen zu erbitten. Diesen Auftritt konnte das Regime schwerlich unterbinden, obwohl er von vielen als stiller Protestmarsch gegen das martialische Vorgehen der Regierung verstanden wurde.

In jedem Falle zeigen diese Beispiele, daß die Opposition gezwungen war, nach der Ausschaltung von Aung San Suu Kyis richtungweisender Führerschaft und unerschöpflicher

Aung San Suu Kyi während ihres Hungerstreiks. dpa

Tatkraft auf vereinzelte und eher symbolische Gesten des Widerstandes zurückzugreifen. Die Regierung konzentrierte sich von nun an darauf, ihre Zwangsherrschaft weiter zu verschärfen. Tin U, der Vorsitzende der NLD und enge Vertraute Aung San Suu Kyis, wurde zu drei Jahren Arbeitslager verurteilt. U Nu und die Anführer seiner zahlenmäßig kleinen Partei wurden aufgegriffen und ebenfalls in Haft genommen. Das Verbot politischer Versammlungen und die Zensur von Parteipublikationen konnten nun erst wirksam durchgesetzt werden. Westliche Journalisten wurden ausgewiesen. Die Verleumdungskampagne gegen Aung San Suu Kyi wurde fortgesetzt, ohne ihr die Möglichkeit einer öffentlichen Stellungnahme einzuräumen; ihr Name wurde von der Liste wählbarer Kandidaten gestrichen. Als ihr Mann, Michael Aris, in Birma eintraf, um seine Frau zu besuchen, wurde er am Flughafen festgenommen; alle Auskünfte über seinen Verbleib und Gesundheitszustand wurden verweigert, trotz wiederholter Proteste westlicher Botschaften. Die Welt erfuhr erst, daß Aung San Suu Kyi ihren Hungerstreik überlebt hatte, als ihr letztendlich ein Gespräch mit amerikanischen Botschaftsangehörigen im Beisein von Militärvertretern gestattet wurde. Tatsächlich hatte das Regime Dr. Aris nicht mißhandelt, sondern »nur« gemeinsam mit seiner Frau unter Hausarrest gestellt. Ab Januar 1990 wurde ihm und allen anderen Familienmitgliedern allerdings untersagt, sie zu sehen. Ihren beiden Söhnen wurde die birmanische Staatsbürgerschaft entzogen. Seit Juli 1990 wurde selbst der Briefkontakt mit ihr verboten.

Das Militärregime schien zu glauben, daß es durch seine rabiate Gangart die Forderungen der Bevölkerung nach Einhaltung der Menschenrechte erstickt habe und das Verschwinden Aung San Suu Kyis und ihrer langjährigen Vertrauten aus der Öffentlichkeit dem Volk keine andere Möglichkeit mehr ließe, als seine Stimme für die Regierungspartei (NUP, National Unity Party = Nationale Einheitspartei) abzugeben. Ausländischen Pressevertretern, obgleich keine Birmaspezialisten, wurde die Einreise gestattet, um den ordnungsgemäßen Ablauf der Wahlen zu überwachen. Sie berichteten, das Militär habe – entgegen seinem bisherigen Verhaltens – keinerlei Versuche unternommen, die Bewohner am Wahltag einzuschüchtern; auch Manipulationen der Wahlurnen seien nicht vorgefallen.

Das Wahlergebnis ergab einen überwältigenden Sieg für die NLD mit über achtzig Prozent der Sitze; die mit der NLD assoziierten kleineren Parteien, darunter vor allem die UNLD (United Nationalities League for Democracy = Vereinigte Nationalitätenliga für Demokratie) errangen fast vierzehn Prozent. Die NUP gewann in Rangun keinen einzigen Sitz und verlor sogar in Gebieten, wo Militärangehörige die große Mehrheit unter den Wahlberechtigten stellten, einschließlich jenem Kreis, in dem der Parteivorsitzende kandidierte. Das Ergebnis wurde von einem westlichen Diplomaten wie folgt kommentiert: »Die meisten Birmanen wußten gar nicht, wer der örtliche Kandidat der NLD war, doch sie alle hatten von Aung San Suu Kyi gehört. Das Ergebnis war schlicht ›Ja‹ für sie und ›Nein‹ für U Ne Win.« Aung San Suu Kyis Einfluß auf den Verlauf der Wahlen war unzweifelhaft: »Es wurde kein einziger Zwischenfall von seiten der Öffentlichkeit am Wahltag bekannt. Die Birmanen gingen geschlossen und würdevoll zu den Wahlurnen.«

Das Wahlergebnis jedoch konnte nichts am Gewaltmonopol der Militärregierung ändern. Sie wartete bis kurz vor dem Jahrestag der Verhaftung Aung San Suu Kyis damit, zu verkünden, daß sämtliche oppositionellen Aktivitäten gegen ihre Politik nach wie vor untersagt seien und die Wahlen nichts an ihrem militärischen und legislativen Alleinanspruch geändert hätten. Dennoch kam es zu kleineren Kundgebungen zum Jahrestag der Verhängung des Hausarrests über Aung San Suu Kyi und des Massakers vom 8. August. In Mandalay feuerten Truppen auf eine kleine Versammlung, wobei mindestens zwei Studenten und zwei Mönche getötet wurden. Daraufhin kam es zu einem landesweiten Generalstreik aller Mönche, die sich weigerten, religiöse Dienste gegenüber dem Militär, der Polizei und deren Angehörigen zu verrichten. Am 29. August forderten NLD und UNLD die Regierung gemeinsam auf, das Parlament einzuberufen, um die Unterdrückung der Menschenrechte aufheben und die Freilassung Aung San Suu Kyis sowie Tin Us beschließen zu lassen.

Die Antwort des Militärregimes auf diese vereinzelten Vorstöße war symptomatisch. Man behauptete, der Streik der Mönche sei kommunistisch unterwandert, führte Razzien in den Klöstern durch, verbot religiöse Vereinigungen und verhaftete viele Mönche unter Androhung der Todesstrafe. Laut Amnesty International wurden zwischen Oktober 1990 und Januar 1991 mehr als fünfundzwanzig Parlamentsabgeordnete der NDL zu Gefängnisstrafen zwischen zehn und fünfundzwanzig Jahren verurteilt. Das ganze Jahr 1990 über erhielt man Berichte über Folterungen und Mißhandlungen von Inhaftierten aus Gefängnissen und von Vertretern ethnischer Minderheiten. Weiterhin wurden Zivilisten zwangsweise als Lastenträger der Regierungstruppen eingesetzt und als »menschliche Minenräumer« mißbraucht. Ende Oktober 1990 waren nur noch vier Mitglieder des Exekutivkomitees der NLD auf freiem Fuß.

Es gab zahlreiche internationale Erklärungen, in denen die Repressionen des Militärs und seine Mißachtung des Volksmandats, das durch die Wahlen vom Mai 1990 Aung San Suu Kyi und der NLD übertragen worden war, verurteilt wurden. Während die Mitgliedstaaten der Europäischen Gemeinschaft sowie Japan und die USA jede bilaterale Zusammenarbeit mit Birma eingestellt haben, fuhren Amnesty International und die Medien damit fort, die Dokumentation der Verhaftungen, Folterungen und Menschenrechtsverletzungen zu ergänzen, die von der Militärdiktatur verübt worden sind. Im September 1990 überbrachte die Europäische Gemeinschaft eine von achtzehn Staaten unterzeichnete Protestnote gegen die Verletzung der Menschenrechte in Birma (neben den EG-Staaten Australien, Neuseeland, Japan, Kanada, Schweden und die USA). Zugleich verhängten diese Länder ein striktes Waffenembargo über Birma. Die britische Regierung verurteilte ausdrücklich die Verhaftung von Aung San Suu Kyi und insbesondere die Verweigerung von Besuchen durch ihren

Mann und ihre Kinder. Während eines Treffens von Vertretern der Europäischen Gemeinschaft und der ASEAN-Staaten (Association of South East Asia = Gemeinschaft der südostasiatischen Staaten) im Mai 1991 äußerte der britische Außenminister Douglas Hurd erneut die Besorgnis der EG über die Menschenrechtsverletzungen in Birma und ersuchte um aktive Unterstützung der ASEAN-Staaten bei der Einhaltung des Waffenembargos. Es gibt wohl keinen Zweifel daran, daß sich die internationale Haltung durch das Erscheinen der Menschenrechtsbewegung unter Führung Aung San Suu Kyis dramatisch geändert hat. Deren Präsenz hat mehr als alles andere die Aufmerksamkeit der Welt auf die Probleme Birmas gelenkt und wird es weiterhin tun, wie die Verleihung des Sacharow-Preises, des Rafto-Preises und des Nobelpreises deutlich belegen. Die Militärregierung beobachtet aufmerksam Aung San Suu Kyis ungebrochenen Einfluß auf die laufenden Ereignisse und bot ihr an, sie unter der Bedingung freizulassen, daß sie ihre Kampagne für die Menschenrechte aufgibt und Birma verläßt. Dieses Angebot würdigte sie nicht einmal einer Überlegung, trotz der großen persönlichen Gefahr, in der sie sich befindet.

Im Laufe der letzten drei Jahre mußte Aung San Suu Kyi nicht nur ihr eigenes Land, sondern ebenso die westliche Welt durch einen beträchtlichen Lernprozeß leiten. Zu Beginn ihrer Kampagne versuchten die Medien – oft genug willkürlich und oberflächlich – nichts anderes, als sie in eine passende Schublade zu stecken. Die englische Presse verglich sie versuchsweise mit Benazir Bhutto oder Corazon Aquino, mußte aber schnell eingestehen, daß sie sich nicht, wie diese beiden Politikerinnen, auf eine bestehende Parteiorganisation stützen konnte und daß das birmanische Militärregime, anders als das von General Zia oder Präsident Marcos, noch ziemlich fest im Sattel saß. Viel wichtiger jedoch ist, daß die Strategie dieser beiden Führungsfiguren nicht dem gewaltlosen Widerstand verpflichtet war. Die amerikanische Presse verglich Aung San Suu Kyi sowohl mit George Washington als auch mit Jane Fonda. Die französischen Zeitungen bezeichneten

Birma als »asiatisches Polen« und zogen eine Parallele zwischen Aung San Suu Kyi und La Passionaria, der republikanischen Anführerin während des spanischen Bürgerkrieges. Solche skurrilen Vergleiche scheinen nun abgelöst worden zu sein durch die Anerkennung Aung San Suu Kyis als ganz beispiellose Persönlichkeit, deren internationales Format in erster Linie durch moralische Begriffe bestimmt werden muß und die durch ihre Überzeugungskraft und die Übertragung der Menschenrechtsidee auf Birma einen grundlegenden

Aung San Suu Kyis Sohn Kim bei der Entgegennahme des von der EG gestifteten Sacharow-Preises am 10. Juli 1991.

Wandel in diesem Land hat möglich werden lassen. Vielleicht gibt Aung San Suu Kyis Hungerstreik den entscheidenden Hinweis darauf, daß Vorbilder in ihrem Fall an ganz anderer Stelle gesucht werden müssen. Während der Tage des Hungerstreiks bezeichnete die *London Times* Aung San Suu Kyi schlicht als »Gandhi Birmas«.

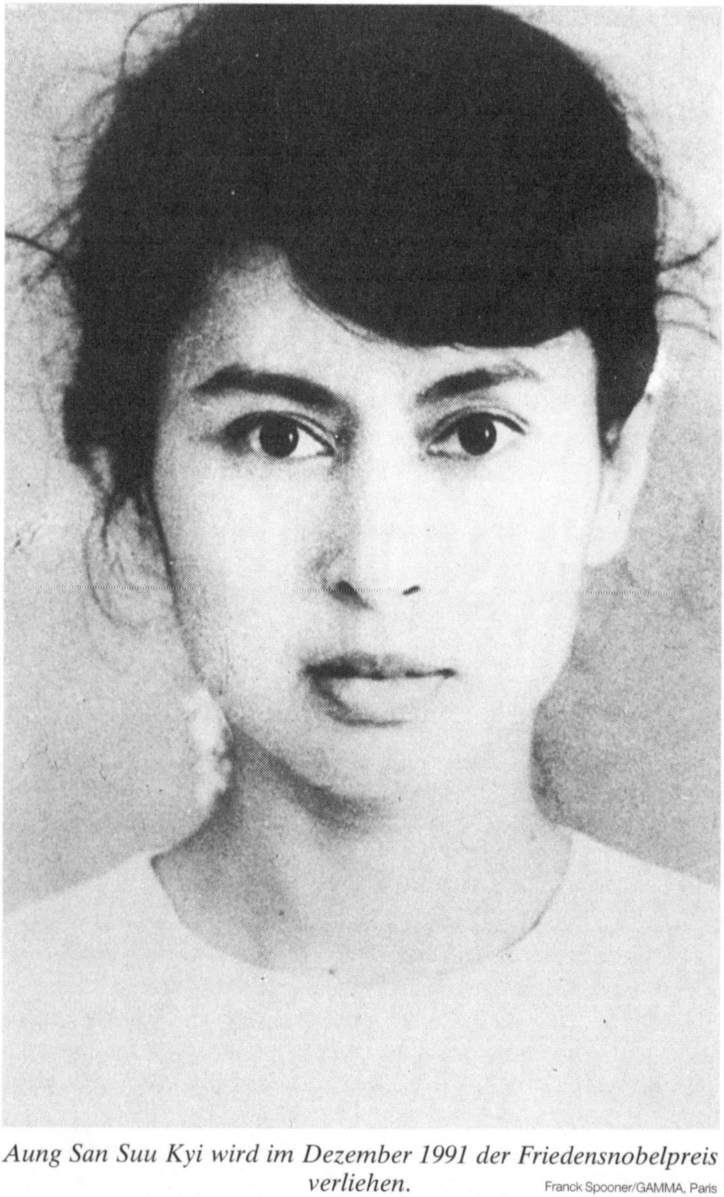

Aung San Suu Kyi wird im Dezember 1991 der Friedensnobelpreis verliehen.

Franck Spooner/GAMMA, Paris

AUNG SAN SUU KYI

DAS STREBEN NACH DEMOKRATIE[1]

I.

Die demokratische Bewegung Birmas wurde von ihren Gegnern dadurch untergraben, daß sie zum einen der Bevölkerung die Fähigkeit absprachen, über das Wohl ihres Landes entscheiden zu können, und zum anderen die Grundzüge der demokratischen Lehre als antibirmanisch diskreditierten. Es ist keineswegs neu, daß Regierungen in der Dritten Welt ihre autoritäre Macht zu rechtfertigen und erhalten suchen, indem sie liberale demokratische Prinzipien als fremdartig verleumden. Als vermeintlich logische Folgerung beanspruchen sie für sich das alleinige und offizielle Recht zu entscheiden, was den landeseigenen kulturellen Normen entspricht und was nicht. Diese geläufige Propaganda, die lediglich der Machterhaltung der Regierenden dient, wurde von Politikwissenschaftlern, Soziologen und Juristen erforscht, analysiert und widerlegt. Doch in Birma, das durch mehrere Jahrzehnte der Isolation von den politischen und intellektuellen Entwicklungen der Außenwelt abgeschnitten war, mußte das Volk jenen doppelten Mythos von seiner Unfähigkeit zur Übernahme politischer Verantwortung und der Unanwendbarkeit der Demokratie auf die birmanische Gesellschaft aus eigener Kraft sprengen. Kaum hatte sich die Demokratiebewegung in Birma ausgebreitet, ließ sich ein reges Interesse an der eigentlichen historischen wie praktischen Bedeutung des Wortes

[1] Dieser und die beiden nachfolgenden Essays wurden von der Autorin im Rahmen eines Buchprojekts geschrieben, das sie aufgrund des am 20. Juli 1989 über sie verhängten Hausarrestes nicht vollenden konnte. Es sollte einen Band mit Essays über Demokratie und Menschenrechte zum Ergebnis haben, dem sie den Titel *»Essays zu Ehren von Bogyoke Aung San«* geben wollte.

»Demokratie« ausmachen: Selbst das Vierteljahrhundert kleingeistiger autoritärer Herrschaft, dessen einzige politische Sinngebung in einem schalen, negativen Dogmatismus bestand, konnte die Wachsamkeit und politische Anteilnahme des Volkes nicht abstumpfen. Sein Bedürfnis nach Diskussionen und Debatten, unzensierten Informationen und objektiven Analysen ist, ganz im Gegenteil, geschärft worden – was vielleicht nicht einmal erstaunlich ist. Man studierte nicht nur eifrig die grundlegenden Theorien moderner Politik und ihrer Institutionen, sondern stellte auch weitreichende und intelligente Spekulationen über das Wesen der demokratischen Gesellschaftsform an, mit der man zwar selbst wenig Erfahrung hatte, die jedoch dem eigenen gesunden Menschenverstand einer zivilisierten Gesellschaft am angemessensten zu sein schien. Es gab spontane Interpretationen demokratischer Grundzüge wie der parlamentarischen Regierungsform, den Menschenrechten und der Rechtsstaatlichkeit. Mit verständlicher Begeisterung dachte man an die Privilegien und Freiheiten, die durch demokratische Institutionen garantiert werden. Doch die Pflichten derer, welche die Verantwortung für das Bestehen einer stabilen Demokratie zu tragen hätten, lösten auch nachdenkliche Betrachtungen aus. Es ist einsichtig, daß ein Volk, das so sehr unter den Konsequenzen einer schlechten Regierung zu leiden hatte, auch gegenüber den Theorien einer guten Regierung voreingenommen war.

Es waren die Mitglieder des buddhistischen Sangha, die in ihrer althergebrachten Rolle als Mentoren den Weg zur Artikulierung der Volkserwartungen ebneten, indem sie auf die zeitlose Gültigkeit der klassischen Lehren verwiesen. Doch die Bemühungen, traditionelles Wissen für die aktuellen Bedürfnisse geistig nutzbar zu machen, blieben nicht auf elitäre Zirkel beschränkt – sie erfaßten die gesamte birmanische Bevölkerung, von den städtischen Intellektuellen über die kleinen Kaufleute bis hin zur couragierten Großmutter auf dem Dorf.

Warum ist es Birma mit seinen reichen natürlichen und

menschlichen Ressourcen nicht gelungen, jenen Lebensstandard zu verwirklichen, den es einst als eine der dynamischsten und sich am raschesten entwickelnden Nationen Südostasiens zu erreichen versprach? Internationale Gelehrte haben, gestützt durch sorgfältige Analysen der historischen, kulturellen, politischen und ökonomischen Faktoren, detaillierte Antworten auf diese Frage vorgelegt. Das birmanische Volk, das keinerlei Zugang zu wissenschaftlichen Forschungsergebnissen hatte, näherte sich der Problematik, indem es sich auf die Worte Buddhas über die vier Ursachen von Aufstieg und Vergänglichkeit besann:

- das Versäumnis, das wiederzuentdecken, was verlorenging;
- die Unterlassung, das wiederherzustellen, was beschädigt wurde;
- die Mißachtung der wesentlichen Bedeutung einer vernünftigen Ökonomie und
- die Duldung der Machtergreifung durch Menschen ohne jede Moral und Räson.

Auf unsere Zeit übertragen bedeutet dies, daß nach dem Verlust der demokratischen Rechte durch die Militärdiktatur ausreichende Anstrengungen unterblieben, um diese wiederzugewinnen; daß man Moral und politische Worte verkommen ließ, ohne gemeinschaftliche Versuche zu ihrer Rettung zu unternehmen; daß die Wirtschaft des Landes schlecht geführt wurde und daß man die Regierung Birmas unredlichen und unklugen Männern überantwortete.

Selbst der klügste Gelehrte hätte durch die sorgfältigsten Studien mit den neuesten Forschungsmethoden die Hauptgründe für Birmas Niedergang seit 1962 nicht konziser und treffender konstatieren können.

Unter dem totalitären Sozialismus hat die politische Führung durch die Mißachtung der tatsächlichen Erfordernisse Birma in ein wirtschaftliches und administratives Chaos geführt, in dem allein die Korruption der Regierung und der

Bruch bestehender Gesetze die Räder des Alltagslebens am Laufen hielten. Doch durch all die Jahre des moralischen Verfalls und des materiellen Niedergangs hat sich die Vision von einer Gesellschaft erhalten, in der Volk und Führung in einer gemeinsamen Anstrengung Wohlstand und Sicherheit erlangen können. 1988 gab die demokratische Bewegung Grund zu der Hoffnung, diese Vision könne Wirklichkeit werden. Die grundlegendste und wichtigste Einrichtung einer freiheitlichen Demokratie ist eine der Verfassung verpflichtete, parlamentarisch kontrollierte und in allgemeinen und freien Wahlen bestimmte Regierung. Indem sie verantwortungsbewußt von ihrem Recht Gebrauch machen, ihre eigene Führung zu wählen, hoffen die Birmanen den ersten Schritt zur Umkehrung des Verfallsprozesses zu tun. Die propagandistische Doktrin, daß die Demokratie ihren kulturellen Werten unangemessen sei, haben sie durch die Rückbesinnung auf ihre traditionelle Staatsphilosophie widerlegt.

Die buddhistische Auffassung der Weltgeschichte legt dar, daß, nachdem die Gesellschaft ihre ursprüngliche Reinheit eingebüßt und in ein moralisches und soziales Chaos gestürzt war, ein König gewählt worden sei, der Frieden und Gerechtigkeit wiederherstellte. Dieser Herrscher trug drei Titel: *Mahasammata,* »weil er mit einmütiger Zustimmung des Volkes regierte«, *Khattiya,* »weil er die Herrschaft über das Ackerland hatte«, und *Raja,* »weil er die Zuneigung des Volkes durch die Befolgung des *Dhamma* (Tugend, Gerechtigkeit, Gesetz) gewann«. Die Vereinbarung, nach der ihr erster Monarch rechtschaffen für eine Handvoll Reissaat regierte, versinnbildlicht die buddhistische Auffassung der Herrschaft durch einen Gesellschaftsvertrag. Der *Mahasammata* folgt dem allgemeinen Beispiel des indischen Königtums in Südostasien. Diese Vorstellung wurde als der Idee des modernen Staates entgegengesetzt kritisiert, da sie im Gegensatz zu der westlichen Abstraktion des Königs als zugleich juristischer und natürlicher Person von einer personalisierten Form der Monarchie ausgeht. Insofern jedoch der *Mahasammata* durch den Willen des Volkes gewählt wurde und an die bestehenden gerechten Gesetze gebunden war, widerspricht die Idee einer gewählten Regierung *sub lege* keineswegs der geistigen Tradition Birmas.

Gemäß der buddhistischen Auffassung des Königtums wird der König nicht mit dem gottgegebenen Recht eingesetzt, in seinem Reich nach freiem Belieben zu herrschen. Man erwartet von ihm die Beachtung der »Zehn königlichen Pflichten«, der »Sieben Vorkehrungen gegen den Niedergang«, des »Vierfachen Beistandes für sein Volk« sowie die Befolgung zahlreicher anderer Führungsanweisungen wie der »Zwölf Übungen der Herrscher«, der »Sechs Attribute der Führer«, der »Acht Tugenden der Könige«, der »Vier Wege zum Überwinden von Gefahren« usw.

Es gibt in Birma eine historisch berechtigte Auffassung, die den König selbst zu den fünf Gefahren bzw. Feinden des Landes rechnet und viele moralische Richtlinien zur geistigen Erbauung jener vorsieht, die Machtpositionen bekleiden. Das birmanische Volk hat viel Erfahrung mit despotischen Regenten und ist sich der unseligen Kluft äußerst bewußt, die zwischen der Theorie und der Praxis des Regierens bestehen kann.

Die »Zehn Pflichten der Könige« sind weithin bekannt und allgemein als Richtschnur akzeptiert, an der eine moderne Regierung ebenso wie jener erste Monarch gemessen werden kann. Diese Pflichten sind: Großmut, Sittlichkeit, Selbstaufopferung, Aufrichtigkeit, Freundlichkeit, Enthaltsamkeit, Besonnenheit, Gewaltlosigkeit, Nachsichtigkeit und Unterwerfung unter den Willen des Volkes.

Die erste Pflicht, die Großmut *(Dana)*, besagt, daß ein Herrscher zum Wohlergehen seines Volkes großzügig beitragen soll, und enthält die unausgesprochene Forderung, daß eine Regierung in der Lage sein sollte, angemessen für die Bevölkerung zu sorgen. Im Kontext moderner Politik wäre eine der obersten Pflichten einer verantwortungsbewußten Verwaltung demnach, die ökonomische Sicherheit des Staates zu gewährleisten.

Sittlichkeit *(Sila)* gründet nach der traditionellen buddhistischen Lehre auf der Beachtung der »Fünf Gebote«: nicht zu töten, nicht zu stehlen, nicht die Ehe zu brechen, nicht zu lügen und nicht Rauschgiften zu frönen. Der Herrscher muß von moralischer Integrität sein, wenn er die Achtung und das Vertrauen des Volkes gewinnen, dessen Glück und Wohlstand bewahren und ihm ein untadeliges Vorbild sein will. Wenn der König das *Dhamma* nicht befolgt, werden die Staatsfunktionäre korrupt, und die Korruption der Staatsfunktionäre wird für das Volk viel Leid verursachen. Man glaubt weiterhin, ein unrechtschaffener König werde das Land in großes Unheil stürzen. Das Mißgeschick eines Volkes hat seine ursprünglichen Wurzeln im moralischen Versagen seiner Regierung.

Paricagga, die dritte Tugend, wird teils als Großzügigkeit, teils als Selbstaufopferung übersetzt. Die erstgenannte Bedeutung käme der ersten Tugend *(Dana)* gleich, somit scheint die Selbstaufopferung – in dem Sinne, alles für das Wohl des eigenen Volkes hinzugeben – die angemessenere Deutung zu sein. Die Idee des selbstlosen Dienstes an der Allgemeinheit wird zuweilen durch die Geschichte des Eremiten Sumedha veranschaulicht, der das buddhistische Gelübde leistete. Obwohl er in einem einzigen Leben die letzte Erlösung des *Nibbana* hätte erreichen können, nahm er das Los unzähliger Wiedergeburten auf sich, um anderen Menschen dabei zu helfen, sich von ihrem Leid zu befreien. Ebenso geläufig ist die Legende vom Affenkönig, der sein Leben opferte, um das seiner Untertanen zu retten, selbst desjenigen, der ihm immer Schlechtes gewünscht hatte und letztlich für seinen Tod verantwortlich war. Der gute Herrscher unterstellt seine persönlichen Bedürfnisse dem Dienst an seinem Volk.

Aufrichtigkeit *(Ajjava)* bedeutet sowohl Unbestechlichkeit im Erfüllen der öffentlichen Pflichten wie Ehrlichkeit und Wahrhaftigkeit in den persönlichen Beziehungen. Ein birmanisches Sprichwort sagt: »Der Herrscher ist der Wahrhaftigkeit verpflichtet, der gewöhnliche Mann nur seinem Gelübde.« Der Privatmann ist also nur an sein formales Gelöbnis gebunden, der Herrscher jedoch sollte in seinem Denken,

Reden und Handeln völlig der Wahrhaftigkeit verbunden sein. Wahrhaftigkeit ist die eigentliche Essenz der Lehren Buddhas, der sich selbst als *Tathagata* bezeichnete, d. h. *»der bei der Wahrheit angelangt ist«*. Der Buddhist muß demzufolge im Namen der Wahrheit – der völligen Übereinstimmung von Bezeichnung und Bezeichnetem – leben und regieren. Es wäre ein Verstoß gegen seine Berufung und ein moralisches Vergehen, wenn er das Volk täuschen oder irreführen würde. »Seinem Wesen nach geradlinig wie ein Pfeil, ohne Verfälschung und Verzerrung, teilt sich ein gesprochenes Wort nicht in zwei.«

Freundlichkeit *(Maddava)* bedeutet für einen Herrscher gewissermaßen den Mut, Anteil am Los seines Volkes zu nehmen. Es ist natürlich leichter, die Sorgen jener zu ignorieren, die zu schwach sind, ihre Rechte einzuklagen, als teilnahmsvoll auf ihre Nöte einzugehen. Sorge zu tragen heißt, Verantwortung zu übernehmen und sich dem Diktum zu fügen, daß der Herrscher der Halt der Hilflosen ist. In *»Wizaya«*, einem bekannten Theaterstück aus dem 19. Jahrhundert, das auf die Geschichte des Prinzen Vujaya im *»Mahavamsa«* zurückgeht, verbannt ein König seinen eigenen Sohn ins Exil, weil dessen Eigensinn viel Unheil über das Volk gebracht hatte: »In seiner Liebe keinen Unterschied zwischen seinen Untertanen und dem eigenen Sohn zu machen und beiden gleichermaßen seine Zuneigung zu schenken, dies ist rechtschaffen von einem König.«

Das Gebot der Enthaltsamkeit *(Tapa)* hält den König dazu an, schlichte Gewohnheiten anzunehmen, Selbstkontrolle zu erlernen und geistige Disziplin zu üben. Der selbstherrliche Regent, der einen aufwendigen Lebensstil betreibt und das geistige Erfordernis der Enthaltsamkeit außer acht läßt, war zur Zeit Mahasammatas ebenso untragbar, wie er es im heutigen Birma ist.

Die siebente, achte und neunte Pflicht, Besonnenheit *(Akkodha)*, Gewaltlosigkeit *(Avihamsa)* und Nachsichtigkeit *(Khanti)*, hängen eng miteinander zusammen. Da das Mißfallen des Machthabenden unselige und weitreichende Folgen haben könnte, dürfen Könige ihre persönlichen Empfindungen des Unwillens und der Feindseligkeit niemals in Form zerstörerischer Wut und Gewalt ausleben. Es obliegt einem Herrscher, jene große Geduld aufzubringen, die ihn weise und großmütig auch gegenüber den Verfehlungen und Anmaßungen jener handeln läßt, die er ungestraft vernichten könnte. Gewalt widerspricht ganz und gar der buddhistischen Lehre. Der gute Herrscher begegnet Mißgunst mit Zuneigung, Bosheit mit Tugend, Geiz mit Großherzigkeit und Falschheit mit Aufrichtigkeit. Der Kaiser Ashok, der über sein Reich nach den Grundsätzen der Gewaltlosigkeit und Großherzigkeit regierte, wird oft als beispielhafter buddhistischer König dargestellt. Eine Regierung sollte niemals versuchen, Gehorsam durch Strenge und rücksichtslose Gewalt zu erzwingen, sondern nach dem *Dhamma-Vijaya* streben, dem Weg der Rechtschaffenheit.

Die zehnte Pflicht der Könige, nicht gegen den Willen des Volkes zu handeln *(Avirodha)*, erscheint wie ein buddhistisches Bekenntnis zur Demokratie, das durch die bekannten Geschichten der Jatakas illustriert wird. König Pawridas, der eine verhängnisvolle Neigung für Menschenfleisch hatte, wurde gestürzt, da er der Forderung seines Volkes, von seinen kannibalistischen Neigungen abzulassen, keine Beachtung schenkte. Ein gänzlich anderer Herrscher war der fromme König Vessantra, die vorletzte Inkarnation Buddhas auf Erden. Doch auch er wurde ins Exil verbannt, als er, in seinem Bemühen um vollkommene Freigebigkeit, den heiligen weißen Elefanten des Staates ohne Zustimmung des Volkes verschenkte. Das Gebot, nicht gegen den Willen des Volkes zu handeln, bedeutet für den Herrscher, im Grunde nie zu vergessen, daß die Legitimität seiner Herrschaft auf der Zustimmung des Volkes beruht, das ihm sein Mandat jederzeit entziehen kann, wenn es das Vertrauen in seine Fähigkeit verliert, den Interessen des Volkes nach bestem Vermögen zu dienen.

Es ist nicht bloßes Wunschdenken, wenn die Birmanen sich auf die »Zehn Pflichten der Könige« berufen, vielmehr wollen sie durch die Rückbesinnung auf altehrwürdige Werte die Gültigkeit und Notwendigkeit politischer Reformen bekräftigen. Es spricht für die Demokratie, daß eine Regierung, die an die Grundsätze der Verantwortlichkeit, der Achtung vor der Volksmeinung und der Unantastbarkeit gerechter Gesetze gebunden ist, weitaus angemessener erscheint als ein allmächtiger Herrscher oder eine herrschende Klasse, die sich weder veranlaßt sieht, den Willen des Volkes zu respektieren noch die traditionellen buddhistischen Königspflichten zu befolgen. Die tradierten Pflichten beschreiben nicht nur die Erwartungen des Volkes an eine demokratische Regierung, sie legitimieren sie auch.

II.

Das birmanische Volk sieht die Demokratie weniger als Regierungsform an denn als ein soziales und ideologisches System auf der Grundlage des Respekts für das Individuum. Wenn man nach dem so überaus starken Bedürfnis nach Demokratie fragt, wird selbst der am wenigsten politisch Interessierte antworten: »Wir wollen einfach frei und friedlich über unsere Angelegenheit entscheiden und ein genügsames Leben ohne Furcht und Angst führen.« Es geht also um nichts anderes als um die grundlegenden Menschenrechte, die eine ruhige und würdevolle Existenz ohne Not und Angst verbürgen. In Liedern über die Demokratie werden Sehnsüchte laut, wie »Ich bin kein reisessender Roboter ..., jeder, ausnahmslos jeder hat Anspruch auf die Menschenrechte« oder »Wir sind keine wilden Tiere im Urwald, wir alle sind vernunftbegabte Menschen; es ist höchste Zeit, die gewaltsame Herrschaft der Einschüchterung aufzuhalten: Wenn alle Dissidenten mit Waffen zum Verstummen gebracht würden, wäre Birma menschenleer ...«

Als die Demokratiebewegung die Verbreitung der Menschenrechte zu einem ihrer Hauptanliegen machte, war voraussehbar, daß die offiziellen Medien schon die Idee der Menschenrechte als westliches Kunstprodukt verspotten und diffamieren würden, das den traditionellen Werten des Landes fremd sei. Dies entbehrte übrigens nicht einer gewissen Ironie: Denn gerade der Buddhismus, als Grundlage der kulturellen Tradition Birmas, mißt dem Menschen den höchsten Wert bei, da er als einziges Lebewesen die oberste Seinsstufe der Erleuchtung zu erreichen vermag. Jeder Mensch trägt in sich die Begabung, durch sein eigenes Wollen und Streben die Wahrhaftigkeit zu erlangen und auch anderen zu ihrem Erreichen zu verhelfen. Insofern ist menschliches Leben unendlich kostbar: »Es ist wahrscheinlicher, daß eine Nadel, die aus Brahmas Hand fällt, auf eine andere Nadel trifft, die in der Erde steckt, denn als Mensch geboren zu werden.«

Doch despotische Regierungen erkennen den Menschen nicht als kostbarsten Teil des Staates an, sondern betrachten dessen Bürger nur als gesichtslose, geistlose und hilflose Masse, die sie nach Gutdünken manipulieren können. Es scheint fast so, als wäre das Volk nur ein verzichtbares Beiwerk der Nation und nicht sein eigentliches Herzblut. Der Patriotismus, der eigentlich die lebhafte Anteilnahme und Liebe eines Volkes für sein Land sein sollte, wird herabgewürdigt zu einer hysterischen Tarnung der Ungerechtigkeiten autoritärer Herrscher, die ihre eigenen Interessen als die des Staates ausgeben. Das offiziell verordnete Credo muß als bedingungsloser Glaube hingenommen werden, der eher dem orthodoxen Dogma westlicher Religionen gleicht als dem liberaleren buddhistischen Bekenntnis: »Es ist richtig, unsicher zu sein und zu zweifeln ... Gebe nichts auf das, was du noch so oft hörst ... auch nicht auf Tradition, auf Gerüchte ... Wenn du für dich selbst etwas als falsch und schlecht erkannt hast, dann laß davon ab ... Wenn du für dich selbst etwas als richtig und gut erkannt hast, dann nimm es an ...«

Es ist für die Birmanen unbegreiflich, warum jene Weltanschauungen, die anerkennen, daß alle Menschen mit Vernunft und Bewußtsein begabt sind und die eine universelle Geisteshaltung der Brüderlichkeit fordern, mit den Werten ihres eigenen Landes unvereinbar sein sollten. Ebenso unverständlich scheint ihnen, wie auch nur ein einziger der dreißig Artikel aus der *»Allgemeinen Erklärung der Menschenrechte«* anders denn als richtig und gut angesehen werden kann. Es ist ein fadenscheiniges Argument für die Ablehnung dieses Dokuments, daß es nicht in Birma von den Birmanen selbst aufgesetzt wurde, zumal gerade Birma schon im Dezember 1948 für seine Unterzeichnung gestimmt hat. Wenn Weltanschauungen und Glaubenshaltungen außerhalb der geographischen und kulturellen Grenzen ihres Ursprungs keine Gültigkeit besitzen könnten, wäre der Buddhismus auf Nordindien beschränkt geblieben, der Islam auf Arabien und das Christentum auf einen schmalen Streifen im Nahen Osten.

Die Behauptung, die Birmanen hätten keinen Anspruch auf die gleichen Rechte und Privilegien wie die Bewohner demokratischer Staaten, ist beleidigend. Im übrigen zieht sie die Logik der birmanischen Regierung in Zweifel, die sich selbst den Anspruch auf mehr Rechte und Privilegien zubilligt, als die Regierungen eben dieser Staaten besitzen. Dieser Widerspruch könnte, wenn schon nicht gerechtfertigt, so doch wenigstens erklärt werden, wenn man zwischen Regierung und Volk eine derart große Kluft annimmt, daß man beide Seiten nach anderen Kriterien zu beurteilen hätte. Doch eine solche Annahme stellt jene Doktrin in Frage, der gemäß die Regierung die Verkörperung nationaler Werte sein soll.

Brüchige Logik, Widersprüche und Entfremdung vom eigenen Volk sind gemeinsame Züge aller autoritären Regierungen. Die beharrlichen Versuche totalitärer Regime, Gedankenfreiheit und neue Ideen zu unterbinden, und die unentwegten Behauptungen, selbst im Recht zu sein, führen zu ihrer intellektuellen Starrheit, die sie weitestgehend auf das Volk übertragen. Einschüchterung und Propaganda gehen Hand in Hand bei der Unterdrückung des Volkes, das aus Angst und Mißtrauen lernt, sich zu verstellen und stillzuhalten. Doch immer drängender wird der Wunsch nach einem System, das sie von »reisessenden Robotern« zu menschlichen Wesen erhebt, die frei denken und sprechen können und im Bewußtsein ihrer Rechte erhobenen Hauptes leben.

Birmas Kampf um die Demokratie war von Beginn an mit Gefahr verbunden. Es ist ein langwieriger und beschwerlicher Weg, wenn man die gerechte und gleichmäßige Verteilung von Macht und Prärogativen durchsetzen will, die bis dahin eine kleine Elite innehatte, welche ihre Vorrechte und Privilegien um jeden Preis behaupten wollte. Hoffnung und Optimismus können zwar niemals ausgelöscht werden, doch bleibt die unterschwellige Befürchtung, das Eintreten für eine Veränderung könnte ins Verderben führen. Häufig wird die ängstliche Frage gestellt: »Wird ein derart unterdrückendes Regime die Demokratie wirklich zulassen?« Die Antwort darauf kann nur lauten: »Die Demokratie wird ebensowenig wie Freiheit, Gerechtigkeit und andere soziale oder politische Rechte ›zugelassen‹; sie muß durch Mut, Entschlossenheit und Opferbereitschaft verdient werden.«

Revolutionen spiegeln gewöhnlich den unbezwingbaren Drang nach notwendigen Änderungen, die durch die offizielle Politik verhindert oder durch die Trägheit der Bevölkerung verzögert wurden. Die Institutionen und Verfahrensweisen der Demokratie weisen Mittel und Wege, wie solche Veränderungen auch ohne Einsatz von Gewalt durchgesetzt werden können. Doch Veränderungen sind für den Autoritarismus ein rotes Tuch, der deshalb keinerlei Abweichung von seiner engstirnigen Politik dulden wird. Die Demokratie erkennt das Recht an, anderer Meinung zu sein und Veränderungen auf friedlichem Wege herbeizuführen. Autoritäre Regierungen verstehen jede Kritik an ihrem Handeln und ihren Doktrinen als Kampfansage. Opposition wird mit Konfrontation gleichgesetzt, die als gewaltsame Auseinandersetzung ausgelegt wird. Bevormundete Geister begreifen Konfrontation nicht als offenen Austausch von Meinungsverschiedenheiten, die durch aufrichtige Gespräche beigelegt werden können. Die Unsicherheit jedes Zwangsregimes führt dazu, daß es jeden Widerspruch ausmerzen muß. Im Rahmen der freiheitlichen Demokratie können Protest und Kritik als gesunder Gegenpart zu Konservatismus und Orthodoxie bestehen, ganz im Sinne des allgemein als notwendig erachteten

Gleichgewichts zwischen der Achtung vor dem Individualismus einerseits und vor Recht und Ordnung andererseits.

Der Ausdruck »Recht und Ordnung« wurde so häufig als Ausrede für Unterdrückung mißbraucht, daß in Ländern, die bereits einmal unter autoritärer Herrschaft standen, schon der Begriff allein Mißtrauen erweckt. Vor einigen Jahren schrieb ein prominenter birmanischer Autor einen Artikel über die Bedeutung des Begriffs »Recht und Ordnung«, birmanisch *nyein-wut-pi-pyar.* Wort für Wort analysierte er diesen Ausdruck, der auf deutsch wörtlich soviel bedeutet wie »still, geduckt, erdrückt, erledigt«, und kam zu dem Ergebnis, daß damit wohl ein wenig wünschenswerter Zustand beschrieben sei, der jeden wachsamen, tatkräftigen und fortschrittlichen Bürger in höchsten Alarm versetzen müsse. Doch es liegt eigentlich absolut nichts Negatives in diesem Terminus, denn »Recht« steht für Gerechtigkeit und »Ordnung« für die Disziplin des Volkes, das zufrieden über das Walten von Gerechtigkeit ist. Im Totalitarismus wird das Gesetz freilich häufig zur Unterdrückung der Bevölkerung mißbraucht, denn ohne eine vom Volk gewählte Legislative und eine unabhängige Gerichtsbarkeit kann die Obrigkeit natürlich willkürliche Dekrete als »Gesetze« ausgeben, die im Grunde allen gültigen Normen von Gerechtigkeit hohnsprechen. In einem Staat, in dem die Machthaber nach ihrem Gutdünken neue Gesetze erlassen und alte abschaffen können, wird es für die Bürger keine Sicherheit geben. Der Unrechtmäßigkeit solchen Vorgehens gilt seit alters her das Gebot, gültiges Recht dürfe nicht nach Belieben verändert werden. Die buddhistische Bestimmung von Recht gründet auf dem *Dhamma,* auf Rechtschaffenheit und Tugend, nicht auf der Macht, dem wehrlosen Volk strenge und starre Regeln aufzuerlegen. Die Gerechtigkeit eines Systems läßt sich stets daran messen, wieviel Schutz es den Schwächsten gewährleistet.

Wo es keine Gerechtigkeit gibt, kann es auch keinen sicheren Frieden geben. Die *»Allgemeine Erklärung der Menschenrechte«* erkennt an, daß die Menschenrechte durch die herrschenden Gesetze geschützt sein müssen, »wenn der

Mensch nicht gezwungen sein soll – als letztes Mittel –, sein Heil in der Rebellion gegen Tyrannei und Unterdrückung zu suchen«. Nur jene, die in ihrer Engstirnigkeit Frieden als Abwesenheit von jeglicher Opposition und Sicherheit als Absicherung ihrer eigenen Macht interpretieren, werden bestreiten, daß gerechte Gesetze, welche die Menschenrechte verbürgen, die unverzichtbare Voraussetzung für Frieden und Sicherheit sind. Die Birmanen assoziieren Frieden und Sicherheit mit Kühle und Schatten:

> Kühl ist der Schatten eines Baumes,
> doch nicht so kühl wie der Schatten der Eltern,
> der wiederum weniger kühl ist als der Schatten der Lehrer,
> noch kühler als dieser ist der Schatten des Herrschers,
> am kühlsten aber ist der Schatten von Buddhas Lehren.

Darum müssen Herrscher, wollen sie dem Volk den schützenden Schatten von Frieden und Sicherheit spenden, die Lehren Buddhas befolgen. Im Zentrum dieser Lehren stehen die Ideen von Wahrhaftigkeit, Rechtschaffenheit und Zuneigung. Nach einer solchen Regierung, die auf eben diesen Qualitäten gründet, sucht das birmanische Volk in seinem Kampf um die Demokratie.

In einer revolutionären Bewegung gibt es immer die Gefahr, daß wesentliche geistige Ziele durch politische Übertretungen verdunkelt oder gar ausgelöscht werden. Das entschlossene Beharren auf der Unantastbarkeit und Vorrangigkeit solcher Zielsetzungen ist nicht Ausdruck bloßen Idealismus, sondern die notwendige Gewähr, um zu vermeiden, daß die neuen Machthaber – wie in Orwells »Farm der Tiere« – nach anfänglich enthusiastischen Reformen die gleiche finstere Gesinnung an den Tag legen wie die von ihnen gestürzten Vorgänger. Die Bevölkerung Birmas will nicht nur einen Wechsel der Regierung, sondern einen Wechsel der politischen Werte. Das unselige Vermächtnis des Autoritarismus kann nur beseitigt werden, wenn das Konzept absoluter Macht als Grundlage der Staatsführung durch die Einsicht abgelöst wird, daß Vertrauen die Quelle politischer Autorität sein muß: das Vertrauen der Bevölkerung in ihr Recht und Vermögen, über das Schicksal ihrer Nation zu entscheiden, ebenso wie das gegenseitige Vertrauen in die Prinzipien von Gerechtigkeit, Freiheit und Menschenrechten. Die erste der vier buddhistischen Tugenden, die den Laien zum Glück leiten sollen, ist *Saddha,* das Vertrauen in Moral und geistliche wie intellektuelle Werte. Es ist das Hauptanliegen der birmanischen Revolution, der Bevölkerung, die so lange in Skepsis und Unsicherheit lebte, eben dieses Vertrauen zurückzugeben, und zwar nicht durch einen Appell an ihr Gemüt, sondern durch intellektuelle Überzeugung. Es ist eine Revolution, die für Veränderungen im Namen allgemeiner ethischer Normen eintritt. In seinem Trachten nach Demokratie versucht sich das birmanische Volk nicht nur in politischen Theorien und Verfahrensweisen der restlichen Welt, sondern auch in spirituellen und intellektuellen Werten, die ihr eigenes Lebensumfeld geformt haben.

Es gibt ein instinktives Verständnis dafür, daß die kulturelle, soziale und politische Entwicklung eines Landes ein dynamischer Prozeß ist, dem Richtung und Ziel erst gegeben werden müssen, indem man sich sowohl auf die Tradition bezieht als auch für Experimente und Innovationen offen zeigt und die Bereitschaft aufbringt, neue und alte Vorstellungen und Ideen objektiv zu beurteilen. Damit soll nicht gesagt sein, daß alle Birmanen, die für Demokratie eintreten, auch vom Bewußtsein oder Bedürfnis geleitet werden, eine nüchterne, einfühlsame Einschätzung der Vergangenheit und eine kluge Würdigung der Gegenwart gegeneinander abzuwägen. Dennoch herrscht innerhalb der Bewegung ein liberaler, aufrichtiger Geist vor, der intellektuellen Herausforderungen mit Weisheit und Mut begegnet. Es bedarf auch der Fähigkeit zu fortgesetzter geistiger Anstrengung und körperlicher Belastbarkeit, um den negativen Kräften der Bigotterie und des Hasses zu widerstehen. Doch der ermutigendste und motivierendste Antrieb ist nicht Machthunger, Rachsucht und Zerstörungswut, sondern die aufrichtige Achtung für Freiheit, Frieden und Gerechtigkeit.

Das Eintreten für Demokratie in Birma ist der Kampf eines Volkes für ein unversehrtes und sinnvolles Leben als freie und gleiche Mitglieder in der Weltgemeinschaft.

Es ist das unablässige menschliche Streben, zu beweisen, daß der Geist des Menschen alle Mängel seines Wesens überwinden kann.

AUNG SAN SUU KYI

DIE WAHRE BEDEUTUNG VON BOH[1]

Boh ist die offizielle birmanische Bezeichnung für einen Leutnant der Armee. Aber umgangssprachlich nennt man jeden Offizier, Kommandeur oder Anführer *Boh*. In diesem Sinne übertrug man den Begriff auch auf die Offiziere der sich 1942 langsam formierenden birmanischen Befreiungsarmee, erfüllt von den Hoffnungen eines Landes, das sich der Verwirklichung seines Freiheitstraumes sicher war. In der fieberhaften, gefahrenvollen Atmosphäre des Krieges stand die Anerkennung der Helden über der aller anderen, und jeder *Boh* wurde durch einen Schleier von Verklärung und Idealisierung gesehen.

Unter ihnen zuvorderst auch Aung San, gerade siebenundzwanzig, leidenschaftlich, aufrecht, das Idealbild eines jungen, patriotischen Oberbefehlshabers, einer, über den viele Lieder und Gedichte verfaßt wurden.

Eltern von Birma
ihr müßt Helden in die Welt setzen
wie *Boh* Aung San …
Er wird Geschichte schreiben,
seine Taten werden in die Annalen eingehen
Der noble *Boh* Aung San …

---

[1] Das Copyright an diesem Essay liegt beim Aufsichtskomitee der Universität von Kalifornien. Er wurde mit Genehmigung dieses Komitees im *Asian Survey,* Band 31, Nr. 9, S. 793–797 neu abgedruckt. In ihrem Begleitbrief an den *Asian Survey* sprach die Autorin den Wunsch aus, den Essay möglicherweise in einem ihrem Vater gewidmeten Band neu zu veröffentlichen. »Je mehr ich über die moderne birmanische Politik lerne, desto mehr erkenne ich, wie entscheidend der Anteil meines Vaters daran war, den Geist von Wahrhaftigkeit und Gerechtigkeit während all dieser Jahre korrupter Regentschaft am Leben zu erhalten. Wenn ich meinem Vater Ehre erweise, so erweise ich sie zugleich all jenen, die für die politische Integrität Birmas einstehen.«

So viel Lobhudelei hätte so manchen, der älter und erfahrener war, verderben können, doch Aung San blieb standhaft, klarsichtig und wich keinen Deut von den hohen Ansprüchen ab, die er an sich selbst gestellt hatte. Es war typisch für ihn, daß er nach dem Vortrag einer Lobeshymne, die ihn als einen pries, der in die Weltgeschichte eingehen werde, nur trocken bemerkte, er habe sich noch nicht einmal einen Platz in der birmanischen Geschichte verdient, von der Weltgeschichte ganz zu schweigen. Selbst nachdem er seine Armee im Widerstandskampf gegen die Japaner geführt hatte und er bei den Verhandlungen mit der wiedereingesetzten britischen Verwaltung zum Vizepräsidenten des Exekutivkomitees der Regierung ernannt worden war, sagte er weiterhin: »Ich habe noch nicht einmal begonnen, noch gar nichts erreicht; wenn es also schon einen Lobpreis geben muß, so will ich ihn jetzt noch nicht.« Zu jener Zeit galt er schon als Nationalheld und wurde als Oberhaupt des birmanischen Volkes anerkannt; im ganzen Land wurde er einfach »unser *Bogyoke*« genannt.

Bogyoke bezeichnet den Rang eines Generalmajors, doch im Zusammenhang mit Aung San erhielt der Begriff in Birma eine einzigartige Bedeutung. Er stand für den Vater der Armee, für starke, selbstlose Führerschaft, für den »Herrscher der *Bohs*«, und das ganz buchstäblich. *Boh* ist nämlich abgeleitet von *Bala,* was auf Pali, der Ursprache Birmas, soviel wie Stärke bedeutet. Doch die Grenze zwischen preisenswerter Stärke und unerwünschter Härte ist reichlich schmal. Wenn man das Wort *Bala* mit dem Wort *Kara,* Handlung, verbindet, so wird daraus *Balakara,* die Gewalt. Anders ausgedrückt: Stärke wird destruktiv, wenn sie die ihr gesetzten Grenzen überschreitet. Am größten ist die Gefahr, die von einer durch keine Gesetze kontrollierten Macht ausgeht, offenkundig in turbulenten Zeiten, wenn soziale und politische Umwälzungen sich ankündigen; und in einer eben solchen Zeit fand sich Aung San an der Spitze des birmanischen Freiheitskampfes wieder. Als Schüler eines buddhistischen Klosters kannte er natürlich die Idee der Stärke als geistige und spirituelle Kraft und die fünf *Bala* (gleichbedeutend mit den

Aung San Suu Kyi mit einem Bildnis ihres Vaters,
General Aung San.

Dominique Aubert/Sygma

fünf *Indriyani* oder kontrollierenden Kräften), nämlich Vertrauen, Energie, Pflichtbewußtsein, Geistesdisziplin und Weisheit. Die aus weltlicher Sicht wünschenswerten fünf Stärken – Führungsstärke, Körperkraft, Gesundheit, Wissen und Freundschaft – wurden als vergleichsweise unbedeutend angesehen, da sie nur dann zu einem ehrbaren Erfolg führen konnten, wenn sie gleichzeitig durch eine angemessene Schulung von Geist und Verstand unter Kontrolle gehalten werden konnten. Doch Aung San war nicht nur durch sein intellektuelles Verständnis der positiven und negativen Aspekte von Stärke geprägt. Als Oberbefehlshaber einer jungen Armee, die zu einer verantwortungsbewußten, militärischen Organisation geformt werden mußte, und als Anführer einer nationalen Volksbewegung, die noch viele unbeständige Elemente enthielt, war er mit den praktischen Gefahren ungelenkter Kräfte sehr wohl vertraut.

Aung San wollte die von ihm geschaffene Armee zu einer aufrichtigen und ehrbaren Institution machen, die auf den uralten Tugenden von Unbestechlichkeit, Opfergeist und Selbstdisziplin gründen und ganz und gar uneigennützig dem Dienst an der Nation verschrieben sein sollte. Er ermahnte seine Soldaten, nicht eine Haltung zu übernehmen, die ihre Waffenstärke wie ein Instrument der Unterdrückung aussehen ließ. Er verwies auf die Neigung des Stärkeren, den Schwächeren zu unterdrücken, drängte zum unerschrockenen Widerstand gegen unmoralische Härte und Praktiken skrupelloser Politik gegenüber den Wehrlosen. Er warnte davor, das Mißfallen der Bevölkerung auf sich zu ziehen und sich somit der eigenen Existenzberechtigung zu berauben. »Diese Armee muß sich so verhalten, daß ... die Bevölkerung sie verehrt, bei ihr Zuflucht finden und sich auf sie verlassen kann.« Um aber die Achtung und die Gunst des Landes zu gewinnen, bedarf es eines ständigen Strebens nach Auszeichnung – womit freilich kein Elitarismus verbunden sein darf. Aung San stellte unzweideutig fest, daß die birmanische Armee nicht für einen Mann oder eine Regierung gegründet worden sei, sondern für das ganze Land. Er rügte die verblendete Meinung einiger Armeeangehöriger, die glaubten, nur sie selbst seien der Vaterlandsliebe fähig. »Es gibt auch andere, die keine Soldaten sind und doch für ihr Land gelitten und alle Arten von Opfern für es gebracht haben ... Die Vorstellung, nur die Soldaten zählten, muß geändert werden.«

Aung San erklärte, er wolle durch seine strengen Vorhaltungen keineswegs die Armee unterlaufen, sondern lediglich unmißverständlich klarmachen, »daß wir zwar Waffen tragen, aber keine Verbrechen begehen werden, daß wir nicht die Feinde, sondern die Freunde der Nation sind«. Die Ehre der Nation war für ihn gleichbedeutend mit der Ehre der Bevölkerung, und die Ehre des Volkes war untrennbar mit seiner eigenen Ehre verknüpft und mit der seiner Soldaten. Seinem Idealbild bewaffneter Streitkräfte entsprechend sollte das Verhalten jedes ihrer Mitglieder dem Gefühl entsprechen, das in einem Gedicht des Hofdichters Let-We Thondara (1723–99) ausgedrückt ist:

Wie erhaben sind
die Taktiken des Krieges,
wie mächtig
die Waffen!
Doch ohne Rückhalt
in den Herzen des Volkes,
ohne Verlaß
auf die Stärke des Volkes
wird die Klinge des Schwertes
zerbersten,
werden die Pfeile
sich krümmen.

Daß *Bogyote* Aung San tatsächlich Rückhalt in den Herzen der Bevölkerung fand und sich auf ihre Stärke verlassen konnte, wurde besonders augenscheinlich, als die Freiheitsbewegung ihren Höhepunkt erreichte. Er bat das Volk, fest und entschlossen hinter ihm zu stehen, denn er war überzeugt, daß kein noch so befähigter Mann in der Lage sein konnte, ein nationales Unterfangen von solch historischen

Ausmaßen ohne die Unterstützung und tatkräftige Mithilfe der Bevölkerung zu einem erfolgreichen Ende zu führen. Er wußte auch, daß eine ehrliche Unterstützung nicht durch Zwang zu gewinnen war, und wollte das Volk doch ebensowenig durch Schmeicheleien und falsche Versprechungen ködern. Er erachtete uneingeschränkte Aufrichtigkeit als einzig mögliche Grundlage für ein Verhältnis wechselseitigen Vertrauens und Respekts, das zwischen ihm und dem Volk bestehen mußte, wenn sie gemeinsam die Aufgabe erfüllen wollten, aus dem vom Krieg verwüsteten Land eine unabhängige und selbstbewußte Nation auferstehen zu lassen. Hätte er sich auf politische Arglist und Täuschung eingelassen, so hätte er das Volk beleidigt und gegen seine eigene Selbstachtung gehandelt. Aung San ging von der Annahme aus, daß der Großteil des birmanischen Volkes einsichtig sei, wahr von falsch zu unterscheiden wisse und dabei die Wahrheit vorziehe. Diese Annahme muß wohl richtig gewesen sein, denn die Bevölkerung brachte ihm vollstes Verständnis entgegen, stellte ihre vereinten Kräfte in den Dienst seiner Bemühungen und wählte im April 1947 eine überwältigende Mehrheit von Kandidaten aus seiner antifaschistischen »Liga der Volksbefreiung« ins Parlament.

Aung San scherte sich kaum um Staatszeremonien, aber er wußte seinen Status als gewähltes Oberhaupt des Volkes offen zu schätzen. Er nahm die Verantwortung der Staatsführung sehr ernst, denn er sah sie als Pfand an, das ihm für seinen Mut anvertraut worden war, um ohne Angst vor Verleumdung oder Tod das zu tun, was er für richtig hielt, und das er verwirken würde, wenn er seine Verpflichtung gegenüber der Nation nicht einhielt. Als er erklärte, er und seine Regierung würden an dem Tag zurücktreten, an dem sie den Respekt des Volkes verspielen würden, wußte jeder, daß dies nicht bloße Rhetorik war und er sein Wort niemals brechen würde. Ohne die Achtung des Volkes zu regieren war wenig reizvoll für diesen soldatischen Staatsmann, für den Stärke nur dann einen Wert hatte, wenn sie einer gerechten Sache diente.

Die Helden einer Nation stehen für deren Hoffnungen, wohingegen ihre Führer für den Grad einstehen, in dem diese Hoffnungen bereits verwirklicht sind. In jenen seltenen Augenblicken der Geschichte, in denen beides eins wird, entsteht ein Moment innerer Harmonie und nachlassender körperlicher und geistiger Anspannung. Dies ist dann eine Quelle der Stärke und des Stolzes, von der man in zukünftigen Zeiten zehren kann, wenn Größe und Heldentaten rar geworden sind. Während der wenigen Jahre von Aung Sans Regentschaft war die birmanische Bevölkerung durch jene mit Hoffnung und Tatendrang erfüllt, denen sie ihr Vertrauen geschenkt hatte. Auch als ihr *Bogyote* sie in der ihm eigenen Unverblümtheit für ihren Mangel an Fleiß, Ausdauer und Disziplin tadelte, waren sie nicht gekränkt, sondern zu neuerlichen Anstrengungen ermutigt, im sicheren Wissen, daß er sein Vertrauen in ihren Willen zur Behebung ihrer Versäumnisse setzte, ebenso wie er selbst immer gewillt war, seine eigenen zu beheben.

Aung San betrachtete das Leben als eine Art »Pilgerschaft auf der Suche nach Wahrheit und Vollkommenheit«, und er bemühte sich, sein Land auf diese Suche mitzunehmen. Sein erstaunlich großer Erfolg bei dieser scheinbar aussichtslosen Aufgabe ist ebenso ein Verdienst des birmanischen Volkes wie Aung Sans Vermögen, seinen Worten auch Taten folgen zu lassen und so zu demonstrieren, daß Lauterkeit und Ehrbarkeit tatsächlich als effektive Grundlage praktischer Politik dienen können. Als Soldat wußte er zu kämpfen – und gut zu kämpfen –, wenn es sich nicht vermeiden ließ, doch ebenso konnte er nach geschlagener Schlacht das Schwert ohne Furcht niederlegen und wieder den Weg des Friedens einschlagen. Als die politische Macht in seine Hände fiel, konnte er absolut aufrichtig und ohne jede Befangenheit behaupten, er werde »auf der Basis von Zuneigung und Wahrhaftigkeit« regieren. Die ihm folgten, konnten gewiß sein, daß er sorgsam mit ihrem Leben, ihrem Glück und ihrem Vertrauen umgehen würde. Er war kein politischer Hasardeur, der sein Land in unnötige Gefahren brachte. Er erklärte voller Zuversicht, wenn das Volk ihm sein Vertrauen schenkte, werde er die Unabhängigkeit Birmas innerhalb eines Jahres und so friedlich wie irgend möglich verwirklichen: »Ihr wißt, ich habe nie ein Versprechen gebrochen.« Diese Worte sprach er genau elf Monate bevor Birma am 4. Januar 1948 für unabhängig erklärt wurde.

Aung San erlebte das Eintreten seines Landes in die Unabhängigkeit nicht mehr. Seine grundsätzliche Tendenz, seine Mitmenschen als intelligente, der Vernunft zugängliche und dem Guten verpflichtete Wesen anzusehen, machte ihn anfällig für den Verrat seiner Gegner, die weniger an tugendhaften Grundsätzen denn an der Erringung der Macht interessiert waren. Man sagt, wenn er auf seine eigene Sicherheit so viel Sorge verwandt hätte wie auf die Verwirklichung seiner Träume, wäre er wohl kaum das Opfer eines Attentats geworden. Doch dann wäre er auch nicht jener Aung San gewesen, den das birmanische Volk als seinen *Bogyote* anerkannte, den obersten *Boh,* der jene Tradition wiedererweckte, der nach der Herrscher die Stärke des Volkes ist.

AUNG SAN SUU KYI

FREI VON FURCHT[1]

Nicht Macht korrumpiert den Menschen, sondern Furcht. Furcht vor dem Verlust der Macht korrumpiert jene, die diese Macht ausüben, und Furcht vor dem Zugriff der Macht korrumpiert jene, die ihr unterworfen sind. Die meisten Birmanen sind mit den vier *Agati* vertraut, den vier Arten der Korruption. *Chanda-gati,* die Korruption aufgrund der eigenen Wünsche, ist das Abweichen vom Pfad der Tugend im Trachten nach Bestechungsgeldern oder zum Nutzen jener, die man liebt. *Dosa-gati* ist ein Vergehen, um seinen Feinden zu schaden, und *Moga-gati* ist ein Fehltritt aus Unwissenheit. Am vielleicht schlimmsten ist jedoch *Bhaya-gati,* denn *Bhaya,* die Furcht, erstickt nicht nur nach und nach jedes Gefühl für Recht und Unrecht, sie ist auch häufig der Auslöser für die drei anderen Arten der Korruption.

Die Furcht, belogen, gedemütigt oder verletzt zu werden, kann ebenso wie *Chanda-gati,* sofern diese nicht durch schiere Gier, sondern durch die Angst vor Not oder dem Verlust der Zuneigung jener, die man liebt, motiviert ist, als Startmechanismus für die Mißgunst anderen gegenüber dienen. Und solange es nicht möglich ist, die Wahrheit frei und ohne Furcht auszusprechen, wird man auch die Unwissenheit kaum bekämpfen können. Wenn Furcht und Korruption aber so nahe beieinanderliegen, dann ist es wenig verwunderlich, wenn in allen Gesellschaften, in denen die Furcht grassiert, auch die

[1] Der folgende Essay wurde vom Herausgeber erstmals veröffentlicht, um an die Verleihung des Sacharow-Preises für die Freiheit des Denkens an Aung San Suu Kyi durch das Europäische Parlament im Jahre 1990 zu erinnern. Die Preisverleihung fand in ihrer Abwesenheit am 10. Juli 1991 in Straßburg statt. In derselben Woche erschien dieser Essay in voller Länge in den Zeitungen *Times Literary Supplement, New York Times, Far East Economic Review, Bangkok Post, Times of India* sowie in der norwegischen und isländischen Presse.

Korruption tief verwurzelt ist. Die Unzufriedenheit der Menschen über die wirtschaftliche Notlage wurde als Hauptgrund für das Entstehen der Demokratiebewegung in Birma angesehen, ausgelöst durch die Studentenunruhen von 1988. Tatsächlich haben die Jahre unfähiger politischer Führung, untauglicher offizieller Maßnahmen, steigender Inflation und fallenden Realeinkommens das Land in ein ökonomisches Trümmerfeld verwandelt. Doch es waren nicht nur die Schwierigkeiten, einen halbwegs erträglichen Lebensstandard zu erreichen und zu halten, welche die Geduld dieses traditionell langmütigen und friedfertigen Volkes aufgerieben haben – es war auch die Demütigung, ein durch Korruption und Furcht entstelltes Leben führen zu müssen.

Die Studenten protestierten nicht nur gegen die Ermordung ihrer Kameraden, sondern auch gegen die Leugnung ihres Lebensrechtes durch ein totalitäres Regime, das die Gegenwart von jedem Sinn entleert hatte. Und weil die Studentenproteste der Frustration weiter Teile der Bevölkerung Ausdruck verliehen, wurde aus den zunächst vereinzelten Demonstrationen rasch eine nationale Protestbewegung. Zu deren schärfsten Verfechtern gehörten Geschäftsleute, die sich die Mittel und Kontakte geschaffen hatten, um nicht nur innerhalb des Systems zu überleben, sondern auch noch von ihm zu profitieren. Doch ihr Wohlstand gab ihnen nie das Gefühl von Sicherheit oder Erfüllung, und sie sahen sehr wohl, daß eine funktionierende Verwaltung die notwendige, wenn nicht hinreichende Voraussetzung war, wenn sie und ihre Mitbürger, ungeachtet des jeweiligen wirtschaftlichen Status, eine lebenswerte Existenz führen wollten. Die Bevölkerung Birmas war ihrer unsicheren Haltung passiver Verängstigung leid geworden, sie wollte nicht länger das »Wasser in der hohlen Hand« der herrschenden Machthaber sein:

Kühl sind wir, wie Smaragd,
wie Wasser in einer hohlen Hand;
ach könnten wir doch sein
wie gläserne Splitter
in einer hohlen Hand.

Der Bambushut, den Aung San Suu Kyi auf diesem Foto trägt, ist das Zeichen der oppositionellen NLD. AP Laser Photo

Glassplitter, der winzigste davon voll schimmernder Macht, sich gegen die Hände zu verteidigen, die ihn zerdrücken wollen, scheinen das lebende Symbol für jenen Funken Mutes zu sein, der das wesentliche Attribut aller darstellt, die sich vom Zugriff ihrer Unterdrücker befreien wollen. Bogyoke Aung San betrachtete sich selbst als Revolutionär und suchte unermüdlich nach Lösungen für die Probleme, die während der Zeit der Unterdrückung auf Birma lasteten. Er ermahnte die Bevölkerung, mutig zu sein: »Verlaßt euch nicht nur auf den Mut und die Unerschrockenheit der anderen. Jeder von euch muß Opfer erbringen, um ein mutiger und furchtloser Held zu werden. Denn erst dann werden wir alle wirkliche Freiheit genießen können.«

Die Anstrengung, der Korruption in einem Land zu widerstehen, in dem die Furcht zum alltäglichen Leben gehört, ist nicht unmittelbar einsichtig, wenn man das Glück hat, in einem Rechtsstaat zu leben. Doch Gesetze verhindern nicht nur die Korruption, indem sie diese unter Strafe stellen. Sie schaffen auch eine Gesellschaft, in der das Volk die grundlegenden Voraussetzungen dafür erfüllen kann, die menschliche Würde ohne Korruption zu wahren. Wo solche Gesetze nicht bestehen, fällt dem einfachen Volk die Last zu, die Prinzipien von Gerechtigkeit und Anstand hochzuhalten. Es bedarf des Zusammenwirkens von fortgesetztem Bemühen und Standhaftigkeit, eine Nation, in der Vernunft und Gewissen durch Furcht deformiert sind, in eine solche zu wandeln, in der Gesetze das Bedürfnis des Menschen nach Harmonie und Gerechtigkeit fördern und seine weniger wünschenswerten und zerstörerischen Wesenszüge zügeln.

In einer Zeit, in der ungeheure technologische Fortschritte tödliche Waffen hervorgebracht haben, die von den Mächtigen und Skrupellosen dazu benutzt werden könnten und benutzt werden, die Schwachen und Schutzlosen zu unterjochen, besteht ein zwingender Bedarf nach einer engeren Verbindung von Politik und Ethik auf nationaler wie internationaler Ebene. Die *»Allgemeine Erklärung der Menschenrechte«* der Vereinten Nationen proklamiert, daß jedes Individuum und jedes Staatsorgan danach streben sollten, jene grundlegenden Rechte und Freiheiten durchzusetzen, auf die alle Menschen – ungeachtet ihrer Rasse, Nationalität oder Religion – Anspruch haben. Doch solange es Regierungen gibt, deren Autorität auf Zwangsherrschaft statt auf dem Mandat des Volkes gründet, und solange es Interessengruppen gibt, die ihre kurzfristigen Vorteile über die langfristigen Ziele von Frieden und Wohlstand stellen, so lange wird jedes gemeinschaftliche internationale Handeln zum Schutze und zur Förderung der Menschenrechte bestenfalls ein Teil des Kampfes bleiben. Es wird weiterhin regionale Arenen geben, wo die Opfer von Unterdrückung auf ihre eigenen Mittel zurückgreifen müssen, um ihre unteilbaren Rechte als Mitglieder der menschlichen Familie zu verteidigen.

Die wesentliche Revolution ist jene des Geistes, ausgelöst durch die intellektuelle Überzeugung von der Notwendigkeit eines Wandels jener geistigen Haltungen und Werte, die den Kurs in der Entwicklung eines Landes bestimmen. Eine Revolution, die nur darauf abzielt, im Hinblick auf materielle Verbesserungen die herrschende Politik und ihre Institutionen zu verändern, wird wenig Aussicht auf einen echten Erfolg haben. Ohne eine Revolution des Geistes werden jene Kräfte, welche die Ungerechtigkeiten der alten Ordnung verursacht haben, weiterwirken und eine ständige Bedrohung für den Prozeß der Reform und der Erneuerung darstellen. Es ist beileibe nicht genug, nach Freiheit, Demokratie und Menschenrechten zu schreien. Es bedarf der gemeinsamen Entschlossenheit, den Kampf durchzustehen, im Namen der gültigen Wahrheit Opfer zu erbringen und der Korruption durch Mißgunst, Unwissenheit und Furcht zu widerstehen.

Heilige, so sagt man, sind Sünder, die niemals aufgegeben haben. Also sind freie Menschen Unterdrückte, die niemals aufgegeben haben, die sich im Laufe der Zeit darauf vorbereiteten, Verantwortung zu übernehmen und die Tugenden hochzuhalten, auf denen eine freie Gesellschaft basiert. Von den grundlegenden Freiheiten, nach denen der Mensch in der Hoffnung auf ein erfülltes und unbeeinträchtigtes Leben strebt, stellt die Freiheit von Furcht Mittel und Zweck zugleich dar. Ein Volk, das eine Nation errichten will, in der gefestigte demokratische Institutionen zum Schutz vor staatlicher Willkür begründet werden sollen, muß zunächst einmal lernen, sein eigenes Bewußtsein von Trägheit und Furcht zu befreien.

Als einer, der sich stets auch an das hielt, was er verkündete, hat Aung San selbst immer wieder Mut bewiesen – nicht nur körperlichen Mut, sondern jene Courage, die ihn befähigte, die Wahrheit auszusprechen, zu seinen Worten zu stehen, Kritik zu akzeptieren, seine Irrtümer einzugestehen, seine Fehler zu korrigieren, die Opposition zu respektieren, mit seinen Gegnern zu verhandeln und das Volk über seine Führungsqualitäten entscheiden zu lassen. Für diesen moralischen Mut wird er in Birma immer geliebt und geachtet werden – nicht bloß als heldenhafter Kämpfer, sondern als Inspirator und Gewissen der Nation. Die Worte, mit denen Jawaharlal Nehru Mahatma Gandhi beschrieb, könnten ebensogut auf Aung San zutreffen: »Die Quintessenz seiner Lehren war die Verbindung von Furchtlosigkeit, Wahrhaftigkeit und Handlungsbereitschaft, wobei er stets das Wohl des eigenen Volkes im Sinn hatte.«

Gandhi, der große Apostel der Gewaltlosigkeit, und Aung San, der Begründer der nationalen Streitkräfte, waren äußerst unterschiedliche Persönlichkeiten; da aber der Kampf gegen die autoritäre Herrschaft zu jeder Zeit und an jedem Ort unvermeidlich gleiche Züge annimmt, gibt es auch eine Wesensverwandtschaft zwischen jenen, die sich erheben, um den Kampf aufzunehmen. Nehru, der es als eines der größten Verdienste Gandhis ansah, dem indischen Volk Mut eingeflößt zu haben, war ein politischer Modernist, doch als er die Notwendigkeit einer Unabhängigkeitsbewegung im 20. Jahrhundert erkannte, besann er sich zurück auf die Philosophie Altindiens: »Die höchste Begabung eines Individuums wie einer Nation … ist *Abhaya:* die Unerschrockenheit. Gemeint ist nicht nur körperlicher Mut, sondern geistige Freiheit von Furcht.«

Dominique Aubert/Sygma

Aung San Suu Kyi mit ihrem Ehemann Michael Aris.

Furchtlosigkeit mag eine Gabe sein, doch wertvoller noch ist vielleicht der Mut, der erworben wird durch unablässigen Widerstand gegen das Diktat der Furcht über das eigene Handeln. Diese Art von Mut könnte man als »Würde trotz Unterdrückung« bezeichnen – eine Würde, die sich angesichts unablässiger, rücksichtsloser Unterdrückung stetig erneuert.

Innerhalb eines Systems, das die Existenz selbst der fundamentalsten Menschenrechte leugnet, ist Furcht bald an der Tagesordnung. Furcht vor Inhaftierung, Folter, Tod, Furcht vor dem Verlust der Freunde, der Familie, des Wohlstands oder des Lebensunterhalts, Furcht vor Armut, Isolation, Versagen. Die heimtückischste Art von Furcht ist jene, die sich noch als gesunder Menschenverstand oder gar Weisheit verkleidet und die kleinen alltäglichen Akte des Muts, welche die Selbstachtung und innere Würde des Menschen zu bewahren helfen, als dumm, leichtsinnig, sinn- und aussichtslos verurteilt. Für ein Volk, das unter einer eisernen Regentschaft nach dem Prinzip »Wer die Macht hat, hat das Recht« eingeschüchtert wurde, ist es nicht leicht, sich von der entnervenden Geißel der Furcht zu befreien. Doch selbst unter der erdrückendsten staatlichen Maschinerie erhebt sich immer wieder der Mut, denn die Furcht ist nicht der natürliche Zustand des zivilisierten Menschen.

Die Quelle des Mutes und der Standhaftigkeit vor der ungezügelten Macht sind gewöhnlich der feste Glauben und die Gültigkeit ethischer Prinzipien, verbunden mit dem historischen Bewußtsein, daß der Weg des Menschen – trotz aller Rückschläge – letztlich in Richtung geistiger und materieller Weiterentwicklung verläuft. Es ist die Fähigkeit zur Vervollkommnung und Befreiung seiner selbst, die den Menschen über das Tier erhebt. An der Wurzel der menschlichen Verantwortlichkeit steht die Idee der Vollkommenheit, der Drang, sie zu erlangen, die Intelligenz, einen Weg zu ihr zu finden, und der Wille, diesem Pfad zu folgen – wenn auch vielleicht nicht bis zum Ende, so doch weit genug, um sich über seine persönliche Begrenztheit und die Beschränkung seines Lebensumfeldes zu erheben. Es ist die Vision einer vernünftigen, zivilisierten, humanen Welt, die den Menschen das Wagnis eingehen und die Mühe ertragen läßt, eine Gesellschaft ohne Furcht und Unsicherheit zu erschaffen. Ideen von Wahrhaftigkeit, Gerechtigkeit und Mitgefühl kann man nicht einfach als abgedroschen abtun, solange sie das einzig standhafte Bollwerk gegen rücksichtslose Macht sind.

Hochzeitsfoto Aung San Suu Kyis und Michael Aris; London, 1. Januar 1972.

MICHAEL ARIS

Nachwort

Am heutigen 14. Oktober 1991 wurde ich davon in Kenntnis gesetzt, daß meine geliebte Frau Aung San Suu Kyi mit dem diesjährigen Friedensnobelpreis ausgezeichnet wird. Viele werden nun zum erstenmal erfahren, auf welch mutige Weise sie den gewaltlosen Kampf für die Wiedereinsetzung der Menschenrechte in ihrem Heimatland geführt hat. Ich bin überzeugt, daß ihr Engagement für eine große Zahl von Menschen in dieser Welt eine Ermutigung sein wird.

Die Freude und der Stolz, die unsere Kinder und ich selbst in diesem Augenblick empfanden, werden durch unsere Sorge über ihre fortdauernde Inhaftierung getrübt. Ich weiß nicht, ob der Friedensnobelpreis jemals an jemanden verliehen wurde, der sich in einer derart isolierten und bedrohten Lage befand. Mit Sicherheit wurde er noch nie einer Frau in einer derart prekären Situation verliehen.

Suus Gefangenschaft in der Gewalt der birmanischen Militärdiktatur geht nun ins dritte Jahr. Uns, ihren Familienangehörigen, wird jeglicher Kontakt zu ihr verwehrt, wir wissen nichts über ihren Zustand, außer daß sie völlig isoliert ist. Wir haben nicht einmal Kenntnis davon, ob man sie noch in ihrem Haus festhält oder ob sie an einen anderen Ort gebracht worden ist.

Es hat den Anschein, als ob die Machthaber in Birma ihr schon mehrfach die Freilassung angeboten haben, wenn sie sich bereit erkläre, auf Dauer ins Exil zu gehen. Ich kenne Suu gut genug, um zu wissen, daß sie dies niemals akzeptieren wird: Sie ist dem von ihr eingeschlagenen Weg fest verpflichtet, ungeachtet der Entbehrungen, die er mit sich bringen mag. Ich denke, sie wird nur dann im Dezember nach Oslo kommen können, um den Friedensnobelpreis persönlich entgegenzunehmen, wenn die Militärs nicht den Versuch unternehmen werden, ihre Rückkehr nach Birma zu verhindern, und sei es auch nur, um ihre Isolationshaft fortzusetzen.

Es ist meine inständige Hoffnung, daß der Friedensnobelpreis in irgendeiner Weise zum Erlangen jenes Zieles beitragen wird, nach dem sie immerfort gestrebt hat: ein Prozeß von Gesprächen, um dauerhaften Frieden in ihrem Land zu erreichen. Ebenso hoffe ich – ganz eigennützig – auf eine Erleichterung unserer familiären Situation infolge dieser höchsten Geste der Anerkennung für ihren moralischen und körperlichen Einsatz und daß uns vielleicht bald wieder gestattet wird, sie zu besuchen. Wir vermissen sie sehr.

Zeittafel

13. Februar 1915
Aung San, der spätere birmanische Nationalheld, wird geboren.

1932
Aung San beginnt sein Studium an der Universität Rangun. Von Anfang an engagiert er sich in der Studentenpolitik.

1935
An den Universitäten Birmas herrscht in den dreißiger Jahren ein nationalistisches Klima. Der Ruf nach Freiheit von der britischen Kolonialherrschaft wird immer lauter. Aung San wird ins Exekutivkomitee der Studentenvereinigung gewählt.

1936
Aufgrund eines kritischen Artikels in der Zeitschrift der Studentenvereinigung soll Aung San von der Universität verwiesen werden. Die Studenten entschließen sich zu einem Streik und fordern mehr Mitbestimmung. Die Regierung lenkt ein und macht Zugeständnisse. Nach dem Streik ist Aung San in weiten Kreisen als einflußreicher Studentenführer bekannt.

1938
Aung San wird Mitglied der *Asi-Ayone-Partei* (»Wir Birmanen«), einer Partei mit nationalistischen Zielen.

1938/39
Verschiedene Proteste und Unruhen in Birma.

1939
Nach dem Ausbruch des Zweiten Weltkrieges in Europa gründet sich der *Freiheitsblock,* eine Vereinigung verschiedener nationalistischer Parteien. Aung San wird zum Generalsekretär gewählt.

1940
Die britische Kolonialregierung antwortet mit einer Verhaftungswelle gegen viele nationalistische Führer. Aung San wird frühzeitig gewarnt und setzt sich nach China ab.

1942
Die japanische Armee marschiert mit Hilfe birmanischer Nationalisten in Rangun ein und vertreibt die Briten. Aung San führt die birmanischen Freiheitskämpfer an, das Oberkommando liegt allerdings bei den Japanern.

September 1942
Aung San und Daw Khin Kyi heiraten.

1942/43
Im Laufe der Monate wird immer deutlicher, daß die Japaner nicht als Befreiungsarmee gekommen sind, sondern selbst territoriale Ansprüche auf Birma stellen.

1944
Auf Vorschlag von Aung San formiert sich die *Antifaschistische Organisation* (AFO) zur Vertreibung der Japaner.

Juni 1945
Eine Allianz der alliierten Truppen und der birmanischen Armee vertreibt die Japaner aus Birma.

19. Juni 1945
Aung San Suu Kyi wird geboren.

September 1945
Aung San entschließt sich, die birmanische Armee, die fortan britischem Oberkommando unterstehen soll, zu verlassen und den Kampf an der politischen Front fortzusetzen.

Oktober 1945
Aung San und seine politischen Mitstreiter werden nicht in den Gouverneursrat berufen.

1946/47
Aung San entwickelt sich zum bekanntesten Oppositionspolitiker in Birma.

September 1946
Die britische Regierung erkennt, daß sie ihre derzeitige Politik nicht gegen den Willen der Opposition beibehalten kann. Der britische Gouverneur wird ausgewechselt, der Nationalrat aufgelöst und Aung San zum stellvertretenden Vorsitzenden eines neu einberufenen Exekutivkomitees ernannt. In den folgenden Monaten werden Verhandlungen über eine baldige Unabhängigkeit Birmas aufgenommen.

13. Juli 1947
In seiner letzten öffentlichen Rede ermahnt Aung San das birmanische Volk, daß die Früchte der Unabhängigkeit nur durch Disziplin, Ausdauer und Opfer geerntet werden können.

19. Juli 1947
Während einer Sitzung des Exekutivrates wird Aung San zusammen mit sechs anderen Abgeordneten im Auftrag eines politischen Rivalen erschossen. Die Unabhängigkeitsverhandlungen werden unter der Führung von U Nu, politischer Mitstreiter von Aung San, zu Ende geführt. Trotz seines frühen Todes wird Aung San noch heute als birmanischer Nationalheld gefeiert, der das Land in die Unabhängigkeit geleitet hat.

4. Januar 1948
Birma wird aus der englischen Kolonialherrschaft entlassen. Laut Verfassung wird Birma ein föderalistischer Staat mit besonderen Rechten für ethnische und religiöse Minderheiten. U Nu wird erster Premierminister der Republik.

1948 bis 1952
Unruhen und Aufstände ethnischer Minderheiten setzen den jungen Staat starken innenpolitischen Spannungen aus.

1958
U Nu tritt als Premierminister zurück und überträgt die Staatsgewalt General Ne Win.

1960
Nach einem überwältigenden Wahlsieg kehrt U Nu auf den Präsidentenstuhl zurück.
Daw Khin Kyi, die Mutter von Suu Kyi, wird zur Botschafterin Birmas in Indien ernannt. Diesen Posten behält sie auch nach dem Militärputsch.

1962
Militärputsch in Birma unter der Führung von General Ne Win. Das Parlament wird aufgelöst und die Verfassung außer Kraft gesetzt. Das Land wird fortan von einem siebzehnköpfigen Revolutionsrat von Offizieren regiert. Den Vorsitz führt General Ne Win.

1969 bis 1971
Nach dem Studium der Politischen Wissenschaft in Delhi und der Ökonomie in Oxford arbeitet Aung San Suu Kyi für die Vereinten Nationen in New York.

1971
Die *Einheitsfront der Partei des sozialistischen Programms* wird zur einzigen legalen Partei Birmas erklärt. Vorsitzender der Partei ist General Ne Win.

1. Januar 1972
Aung San Suu Kyi heiratet den englischen Tibetologen Michael Aris. Das Ehepaar lebt zunächst in Bhutan, wo Michael Aris als Hauslehrer der königlichen Familie und Suu Kyi als Beraterin des bhutanischen Außenministers arbeitet.

1974
Aung San Suu Kyi und Michael Aris kehren für die Geburt ihres ersten Sohnes Alexander nach England zurück.

Aung San Suu Kyi während einer ihrer zahlreichen öffentlichen Auftritte in den Jahren 1988 bis 1989.

1974
Birma erhält eine neue sozialistische Verfassung. Der offizielle Staatsname lautet *Sozialistische Republik der Union von Birma.*

1977
Kim Aris, der zweite Sohn der Familie, wird geboren.

März 1988
Studentenproteste für die Demokratisierung Birmas weiten sich zu Massendemonstrationen aus. Die Demonstrationen werden von den Sicherheitskräften brutal auseinandergeschlagen. Nach Angaben der Opposition werden über zweihundert Menschen getötet. Der Regierungsbericht spricht von drei Toten. In den folgenden Monaten reißen die Unruhen nicht ab.

April 1988
Suu Kyi kehrt aus England in ihre Heimat zurück, um ihre sterbenskranke Mutter zu pflegen.

23. Juli 1988
General Ne Win tritt als Vorsitzender der *Einheitsfront der Partei des sozialistischen Programms* zurück. In seiner Rücktrittsrede spricht er sich für ein Referendum über die Zukunft Birmas aus. Sein Nachfolger wird Sein Lwin.

12. August 1988
Aufgrund der anhaltenden Unruhen tritt Sein Lwin nach knapp drei Wochen als Vorsitzender der sozialistischen Partei zurück.

15. August 1988
Aung San Suu Kyi schlägt in einem offenen Brief an die Regierung vor, ein Konsultativkomitee aus unabhängigen Persönlichkeiten einzusetzen, das Birma auf freie Wahlen vorbereiten soll. Suu Kyi tritt mit diesem Brief zum erstenmal mit ihren politischen Forderungen an die Öffentlichkeit.

26. August 1988
Anläßlich eines Generalstreiks in Birma formuliert Aung San Suu Kyi vor begeisterten Zuhörern die Grundprinzipien ihrer Politik: Gewaltfreiheit sowie die Wiederherstellung der Menschenrechte in Birma auf der Grundlage einer Mehrparteiendemokratie.

18. September 1988
Nach einem Massaker an studentischen Demonstranten durch das birmanische Militär, dem nach westlichen Quellen rund dreitausend Demonstranten zum Opfer fielen, putscht sich der *Staatsrat zur Wiederherstellung von Recht und Ordnung* (SLORC) unter der Führung von General Saw Maung an die Macht. General Saw Maung übernimmt gleichzeitig das Amt des Staatsoberhauptes und des Außenministers. Der Staatsrat setzt die geltende Verfassung außer Kraft und verhängt den Ausnahmezustand über Birma. Dadurch wird die politische Betätigung im Lande äußerst beschnitten. So werden beispielsweise Versammlungen von mehr als vier Personen und öffentliche Kritik an den Streitkräften unter Strafe gestellt. Durch den Druck der anhaltenden Unruhen werden aber gleichzeitig andere politische Parteien offiziell zugelassen.

24. September 1988
Suu Kyi gründet gemeinsam mit Tin U und Aung Gyi die *Nationale Liga für Demokratie* (NLD). Der NLD gelingt es, die zersplitterten Oppositionsgruppen in Birma zu einer Massenpartei zusammenzufassen. Suu Kyi wird zur Generalsekretärin gewählt, den Parteivorsitz übernimmt Tin U. Ziele der Partei sind die Wiedereinführung der Menschenrechte und der gewaltlose Kampf für die Demokratie in Birma.

27. Dezember 1988
Daw Khin Kyi, die Mutter von Aung San Suu Kyi, stirbt in Rangun. Tausende geben ihr das letzte Geleit und ehren damit die Witwe des großen Nationalhelden Aung San. In den

folgenden Monaten reist Suu Kyi durch das Land und propagiert die politischen Ziele der NLD.

24. April 1989
Aung Din, amtierender Vorsitzender des Gesamtbirmanischen Studentenverbandes, wird wegen öffentlicher Kritik an der SLORC verhaftet.

Juni 1989
Birma wird offiziell in *Myanmar* umbenannt, nach dem ursprünglichen Namen des Landes in der birmanischen Landessprache. Myanmar hat sich bis heute im internationalen Sprachgebrauch nicht durchgesetzt.

Sommer 1989
Seit Juni organisiert die NLD zusammen mit Studentenorganisationen und anderen Parteien unter Mißachtung der Kriegsrechtsverordnungen Massenversammlungen. Auf diesen äußert Suu Kyi scharfe Kritik an der Regierung. Dem angeblich noch immer hinter den Kulissen agierenden Ex-Diktator Ne Win wirft sie vor, Birma in die wirtschaftliche Misere geführt zu haben.

17. und 18. Juli 1989
Die Militärregierung erläßt die Verordnung, daß zukünftig die Verletzung von Anordnungen des SLORC und der Regierung im Schnellverfahren durch Militärgerichte abgeurteilt wird.

19. Juli 1989
Anläßlich des »Tages der Märtyrer«, dem Todestag von Aung San und seinen Mitstreitern, werden zusätzliche Truppen in der Hauptstadt Rangun zusammengezogen. Des weiteren wird eine nächtliche Ausgangssperre verhängt. Die NDL sagt daraufhin alle Veranstaltungen für den Tag ab.
Das Wohnhaus von Aung San Suu Kyi wird von Soldaten umstellt.

20. Juli 1989
Aung San Suu Kyi und Tin U werden festgenommen und unter Hausarrest gestellt. Aus Protest tritt Suu Kyi für zwölf Tage in den Hungerstreik.

21. Juli 1989
Ein Regierungssprecher bestätigt, daß Aung San Suu Kyi und Tin U für ein Jahr unter Hausarrest stünden und nur Kontakt zu engsten Familienangehörigen haben dürften.

29. Dezember 1989
U Nu, zweiundachtzig Jahre alt und erster Premierminister der birmanischen Republik, wird unter Hausarrest gestellt, weil er sich weigert, sich von einer symbolisch ausgerufenen Parallelregierung unter seiner Führung zu distanzieren.

27. Mai 1990
Wahlen zur neuen Nationalversammlung. Aung San Suu Kyi erhält keine Erlaubnis, an den Wahlen teilzunehmen. Trotzdem erlangt ihre Partei über achtzig Prozent der Stimmen und 392 von 485 Sitzen in der Nationalversammlung.
Die Militärregierung erkennt den Sieg der Opposition zwar an, weigert sich aber nach wie vor, die politische und militärische Macht abzugeben.

10. Juli 1991
Aung San Suu Kyi wird vom Europäischen Parlament mit dem Sacharow-Preis ausgezeichnet.

14. Oktober 1991
Das Nobelpreiskomitee in Oslo gibt bekannt, daß Aung San Suu Kyi der diesjährige Friedensnobelpreis verliehen wird. Das Komitee will damit die »unermüdlichen Bemühungen dieser Frau anerkennen und seine Unterstützung für die vielen Völker in aller Welt zeigen, die mit friedlichen Mitteln nach Demokratie, Menschenrechten und ethnischer Versöhnung streben«.

November 1991
Nach Angaben der Opposition ist Aung San Suu Kyi infolge eines Hungerstreiks schwer erkrankt.

HEYNE BÜCHER SACHBUCH

Heyne Sachbuch

Frauen im Islam

Erfahrungsberichte und Schicksale – authentisch erzählt

19/2008

19/106

01/8196

19/176

19/175

19/2009

Wilhelm Heyne Verlag München

HEYNE BÜCHER SACHBUCH

Das Portrait

Renommierte Journalisten
über Personen
unserer Zeitgeschichte

19/500

19/501

19/504

19/505

19/507

19/508

19/509

Wilhelm Heyne Verlag München